50
JEUX

POUR VOUS
ET VOTRE CHIEN

50

JEUX

POUR VOUS
ET VOTRE CHIEN

Deuxième édition

Suellen Dainty

Avant-propos de Janet Tobiassen

LE COURRIER DU LIVRE
27, rue des Grands Augustins
75006 Paris

Dans la même collection : *50 jeux pour jouer avec votre chat*

Directeur de la création Peter Bridgewater
Editeur Jason Hook
Rédacteur en chef Caroline Earle
Rédacteur responsable du projet Dominique Page
Directeur artistique Sarah Howerd
Créateurs du projet Kevin Knight and Suzie Johanson
Infographiste Ginny Zeal
Photographe Nick Ridley
Illustrateur Joanna Kerr

Titre original : *50 games to play with your dog*

© Ivy Press Limited 2007, pour la version Anglaise

Traduit de l'anglais par Patricia Leuleu

© Le Courrier du Livre 2008, 2012 pour la traduction en Français

EAN : 978-2-7029-0879-2

www.editions-tredaniel.com
info@guytredaniel.fr

Droits photographiques

Avertissement

Toute personne faisant pratiquer des exercices physique à son animal de compagnie doit assumer la responsabilité de ses actes, assurer sa sécurité et celle de son animal. Si votre chien a des problèmes de santé, consultez votre vétérinaire avant d'entreprendre les exercices proposés dans ce livre. Les informations contenues dans cet ouvrage ne peuvent remplacer le bon sens de chacun, qui permettra de réduire les risques de blessures.

Imprimé en L'Inde

Sommaire

Avant-propos

Les chiens ont toujours occupé une place importante dans ma vie. Dans mon enfance, j'ai participé activement à l'élevage de chiens, les dressant et les inscrivant à des concours, tout en apprenant l'anatomie canine, les soins et le toilettage. En visitant des établissements de soins spécialisés dans le cadre de mes activités de thérapie par les animaux, j'ai souvent constaté la force des liens unissant l'homme à l'animal. Des personnes dépourvues de toute forme de communication avec les autres communiquaient un large éventail d'émotions lorsque j'amenais mes chiens et mon chat en visite.

J'ai de nouveau pu réaliser l'importance des animaux domestiques dans ma vie à la suite d'un accident de voiture. J'éprouvais de grandes difficultés à marcher et mon médecin m'avait informée que je risquais de boiter à vie. Malgré cela, mes chiens ne cessaient de me rappeler leurs promenades quotidiennes, quel que soit mon état de santé. Mon médecin a été surpris par mes progrès : je n'ai pas eu de séquelles. J'aurais certainement abandonné sans l'encouragement de mes chiens. Même si cette histoire remonte à de nombreuses années, chaque jour je suis reconnaissante envers ceux qui ont partagé ma vie.

C'est pourquoi, en tant que personne qui aime les chiens et essaie de rester en forme, j'ai beaucoup apprécié la lecture de *50 jeux avec votre chien*. Dans notre vie quotidienne trépidante, il est très facile d'être physiquement présent « sans vraiment être là », tant pour nos animaux domestiques que pour notre famille. La qualité du temps accordé cède la place aux projets et aux rendez-vous. Ce livre met l'accent sur cette qualité du temps et de la communication à apprécier avec nos animaux de compagnie et notre famille. Il propose un large éventail de jeux adaptés à leurs différentes personnalités des chiens (et à celles des humains). Vous pouvez apprendre des courses-poursuites créatives pour les chiens curieux, comme la « Chasse aux trésors » ou « Cache-cache », contenter les chiens actifs avec des jeux comme « En promenade » ou le « Parcours d'agility », ou encore faire appel à la personnalité exhibitionniste de votre ami avec le « Chien danseur » et « Bonne nuit ». Ces jeux, et beaucoup d'autres, vous offrent l'opportunité de découvrir ce que votre compagnon aime vraiment.

Pour les novices en dressage, ce livre fournit beaucoup d'informations intéressantes sur le comportement des chiens, plus quelques techniques de dressage (clic et récompense). Les photos sont attrayantes et les instructions pas à pas sont faciles à suivre. Les chiens photographiés représentent un grand nombre de races et de tailles, qui prennent toutes un plaisir évident à réaliser les différentes tâches.

En tant que vétérinaire, j'ai particulièrement apprécié les conseils et considérations de sécurité que chacun doit suivre lorsqu'il débute le dressage ou un programme d'exercices. La prise en compte de l'âge du chien, de sa taille, son agilité, ses goûts et dégoûts garantit le succès de l'apprentissage et le plaisir de votre chien pour ces jeux.

Ce livre complète parfaitement la bibliothèque des amoureux des chiens. J'imagine déjà le nouveau degré de communication que j'aurai avec mes chiens dès que j'aurai mis ces idées en pratique. Lisez-le. Jouez. Votre chien vous en remerciera.

Janet Tobiassen, vétérinaire
Guide About.com
www.about.com

Introduction

Pourquoi jouer avec votre chien ? Il existe plusieurs réponses, et la plus évidente est peut-être aussi le meilleur des arguments : vous aimerez tous les deux cela ! Mais il existe d'autres raisons qu'il est intéressant de connaître, car jouer n'est pas trivial pour les chiens – c'est important pour leur bien-être général.

Le chien est l'un des rares animaux qui continue de jouer à l'âge adulte. En général, les bébés animaux jouent pour acquérir les aptitudes de survie ; puis, à mesure qu'ils grandissent, ils transforment ces jeux en comportements de vie dans la nature. Mais, au cours des milliers d'années durant lesquels ils ont été domestiqués, leurs jeux se sont poursuivis à l'âge adulte – un chien de compagnie en bonne santé et correctement stimulé jouera souvent jusqu'à un âge avancé, à condition que les jeux soient appropriés à sa condition physique et à ses aptitudes.

Même un chien indépendant valorise la compagnie de l'homme, et le fait de jouer ensemble lui montre que vous accordez aussi de l'importance au lien qui vous unit. Il ne s'agit pas seulement d'amusement pour lui, mais c'est rassurant que vous soyez préparé à communiquer avec lui, en affirmant ainsi son rôle de joueur d'une équipe que vous menez. Les chiens qui sont en confiance par rapport à leur position dans la famille se comportent souvent mieux à l'intérieur comme en dehors du terrain de jeu. Élargissez son répertoire de jeux autant que vous le pouvez tous les deux ; non seulement, cela préviendra l'ennui, mais il fera ainsi un peu d'exercice. Cela ne veut pas dire faire suivre un parcours d'agility à un petit teckel, mais simplement élargir les frontières de ce à quoi vous êtes tous deux habitués, si votre compagnon y semble prêt. Soyez vigilant à ses signes montrant qu'il en a assez, que ce soit mentalement ou physiquement, et assurez-vous de connaître ses limites physiques avant d'entreprendre quelque chose de nouveau.

Il existe beaucoup d'écrits sur le rôle de « leader d'équipe » de l'homme, et sur l'importance de ne jamais laisser son chien le dominer. Il s'agit d'un sujet complexe que nous ne pouvons discuter en détails ici. Toutefois, ne versez pas dans l'obsession d'être un leader strict au point de ne pas le laisser jouer librement. Une étude récente a montré que les chiens sauvages vivant en bande sont très organisés hiérarchiquement, et que leurs relations ressemblent beaucoup au schéma « donner-recevoir » – le groupe a tendance à laisser une tâche à « l'individu » le plus apte. Une joute avec un bulldog énergique ne doit pas menacer votre autorité sur lui ; inutile, donc, de vous inquiéter sur votre perte d'autorité. Si vous rencontrez de vrais problèmes de discipline, ils se manifesteront très probablement en dehors du jeu.

Pour finir, quelle est la différence entre un jeu et un tour ? Cette question est souvent posée – parfois par des personnes qui n'aiment pas voir un animal faire des tours – et il n'y a qu'une seule réponse : on appelle jeu tout ce qu'un chien aime faire et qui lui donne l'opportunité de communiquer avec vous ou avec des congénères. Peu importe qu'un spectateur appelle cela un tour (et cela n'atteindra certainement pas la dignité du chien !), tant qu'il s'amuse.

Les bases du jeux

Si vous avez eu votre compagnon tout jeune, il y a de grandes chances pour que vous ayez commencé à jouer avec lui dès son arrivée dans votre foyer. Un chien adulte, issu d'un refuge ou d'un autre lieu, aura peut-être demandé un peu plus de temps pour établir la communication, mais il y a de grandes chances pour que vous puissiez jouer avec lui aussi. Toutefois, même si vous jouez déjà beaucoup avec lui naturellement, ne sautez pas cette section. Certains jeux présentés dans les chapitres suivants requièrent la connaissance par votre chien de quelques règles de base facilement assimilables – que vous pouvez apprendre ici si votre chien ne les connaît pas. Prenez également soin de consulter les conseils de sécurité avant de commencer.

Comment votre chien apprend

La manière classique d'enseigner des choses à un chien consiste à le récompenser avec de la nourriture. La plupart d'entre eux adorent manger, de sorte que les récompenser avec de la nourriture est souvent la meilleure façon d'aborder l'apprentissage d'un jeu. (Certains jeux, essentiellement les lancers d'objets, sont instinctifs pour eux, si bien que vous réaliserez qu'aucun enseignement n'est nécessaire – le jeu en lui-même présente une motivation suffisante.) Les récompenses doivent se faire en petites quantités – vous en ferez beaucoup au début – et être spécifiques : des petits bouts de saucisson, de poulet ou de fromage de la taille du bout de votre petit doigt, sont les plus populaires. Offrez la friandise à la fois comme une incitation et une récompense : montrez-la-lui pour le convaincre, et donnez-la-lui dès qu'il a essayé d'adopter le comportement suggéré. Vous devrez parfois récompenser un essai car certains jeux sont difficiles à apprendre, et votre compagnon se démotivera si sa tentative échouée reste sans récompense alors qu'il a fait de son mieux. Caressez-le et flattez-le en lui donnant sa récompense. À mesure que le jeu ou le tour lui deviendra familier, vous pourrez supprimer les friandises et seulement le flatter.

L'important lorsque vous enseignez un nouveau jeu à votre ami est de faire des séances courtes et plaisantes. N'insistez pas s'il n'apprécie clairement pas un jeu. Un jeu est censé être amusant. Et puis, soyez logique : s'il n'est pas autorisé à monter sur le canapé, ne le faites pas monter dessus non plus pour un jeu, sous peine de l'embrouiller. Ne le forcez pas à faire quelque chose qui le rend mal à l'aise : cela pourrait échouer complètement et prendre du temps pour qu'il récupère sa confiance en lui.

En plus des friandises, pensez à utiliser un cliqueur. Conçu à l'origine pour dresser les dauphins, il encourage votre chien à comprendre ce que vous voulez qu'il fasse. En lui donnant une récompense à chaque fois qu'il entend un cliquetis, vous lui indiquez le comportement que vous voulez qu'il répète. Par exemple, si vous voulez lui apprendre à se coucher, attendez qu'il se couche, cliquez et donnez-lui une récompense. Votre ami fera rapidement l'association d'idées et comprendra ce qu'il doit faire.

Choisir le bon jeu

Commençons par le commencement : vous devez d'abord connaître votre chien. Personne ne le connaît aussi bien que vous ; et pas seulement concernant sa race et son parcours, mais aussi ce qu'il aime ou pas, ses enthousiasmes et ses peurs. Beaucoup de généralités circulent sur les races de chien, et une grande partie est sans doute juste : par exemple, vous pouvez entendre dire que « les colleys sont les plus intelligents et qu'ils aiment tous les jeux » ou que « les terriers adorent creuser » – et cela est sans doute vrai pour la plupart des colleys et des terriers et peut constituer une aide si vous ne savez pas par quoi commencer pour élargir son répertoire de jeux. Sur le fond, néanmoins, cela revient à dire que « toutes les filles aiment jouer à la poupée ». Or, les généralisations ne doivent pas vous aveugler quant aux activités que préfère votre compagnon. Essayez toutes les options, même si elles ne sont pas naturellement évidentes pour la race de votre animal. Vous découvrirez peut-être que vous êtes le premier propriétaire connu d'un basset agile ou d'un Bulldog qui renifle à la trace !

Le jeu peut forger les niveaux de confiance d'un chien timide et en aider un d'humeur inégale à se socialiser, à condition de choisir un jeu dans la catégorie adaptée – c'est-à-dire qui joue sur ses forces et non ses faiblesses. Aucun chien, surtout s'il a du caractère, ne devrait être autorisé à devenir un joueur casse-pieds ; gardez plutôt un temps pour vos jeux en l'invitant à s'amuser avec vous plutôt que de répondre à son harcèlement constant. S'il gronde ou vous pince pendant le jeu (et vous devez faire la distinction entre les grondements sourds et inquiétants d'avertissement et de simples aboiements, jappements et gémissements d'excitation), interrompez le jeu et rangez les jouets.

Ne le punissez pas ; arrêtez simplement de jouer avec lui jusqu'à ce qu'il se calme. Par ailleurs, souvenez-vous du langage de votre corps au cours du jeu. Ne vous servez pas de votre taille pour vous dresser devant lui ; un chien jeune ou de petite taille pourrait trouver cela intimidant, alors qu'un gros chien assuré y verrait peut-être un défi. Utilisez votre voix pour gérer les stades du jeu : une voix enjouée incitera votre compagnon à agir, tandis qu'une voix monocorde l'encouragera peut-être à s'arrêter et à réfléchir, surtout s'il essaie d'apprendre quelque chose de difficile.

Même lorsque vous avez mis en place un jeu favori (ou deux, ou trois…), introduisez un nouveau jeu de temps en temps pour varier les plaisirs pour vous et votre compagnon.

Assis, stop, couché

I l est probable que votre chien ait déjà appris ces trois ordres simples. Ce sont les piliers de tous les jeux que vous développerez avec lui ; il est donc indispensable qu'il les comprenne bien avant de jouer. S'il ne connaît pas encore ces ordres, voici comment les lui apprendre.

Pour lui apprendre l'ordre « Assis », placez-vous devant lui avec une friandise. Levez la main lorsqu'il s'approche de vous. À mesure que son nez se lève, son postérieur descendra tout naturellement. Lorsqu'il commencera à descendre, dites « Assis ! ». Récompensez-le dès que son postérieur touche le sol. Lorsqu'il s'assied à chacune de vos injonctions, apprenez-lui l'ordre « Stop ». Pour cela, tenez-le en laisse (ce sera plus facile), demandez-lui de s'asseoir, montrez-lui que vous tenez une friandise, puis reculez doucement tout en lui disant « Stop ! ». Ne faites que quelques pas, en tenant la friandise devant lui. S'il commence à se lever, faites-le se rasseoir et recommencez. Dès

qu'il s'immobilise, ne serait-ce qu'une seconde ou deux, donnez-lui sa récompense. Augmentez peu à peu la distance que vous parcourez, jusqu'à ce qu'il s'immobilise à une certaine distance de vous. Pour lui apprendre l'ordre « Couché », agenouillez-vous à côté de votre chien assis. Laissez-le renifler la friandise que vous tenez, et baissez la main doucement devant lui. Il descendra peu à peu ; à ce moment-là, dites « Couché ! ». Continuez d'avancer la friandise en l'abaissant. Lorsque l'animal est complètement couché, donnez-lui sa récompense et flattez-le.

Apprenez-lui ces trois ordres pas plus de cinq minutes par jour – assurez-vous de faire cet exercice tous les jours – et vous constaterez que votre chien prend vite le pli.

Jouer en toute sécurité

Les chiens aiment tellement jouer que vous ne pouvez pas toujours attendre d'eux qu'ils fassent attention. Cela s'applique d'abord au jeu auquel le chien est en train de jouer. Par exemple, il ne se demandera pas si le fait de sauter en se contorsionnant est sans danger pour lui, surtout s'il est fermement déterminé à attraper ce jouet tant désiré. Ensuite, vous devez vous interroger sur le caractère potentiellement inconfortable, voire dangereux, de certains mouvements. Par exemple, les chiens qui ont un très long dos, comme les teckels, doivent éviter de sauter haut et de se tenir sur leurs pattes arrière – au risque d'abîmer leur dos – mais ils risquent de l'oublier, donc c'est à vous d'y prêter attention. Vous devez être le maître de jeu de votre compagnon et juger de ce qui est bon ou pas pour lui. Les pages suivantes contiennent quelques avertissements spécifiques à certains jeux, mais vous devez prendre en compte un certain nombre de points d'ordre général pour le choix d'activités appropriées à votre ami.

Chaque race a ses forces et faiblesses : certains gros chiens sont sujets à une dysplasie de la hanche et à l'arthrite, d'autres races à la fragilité du dos, et d'autres à la face écrasée, comme les pékinois et les Bulldogs, respirent avec difficulté s'ils s'étirent trop. Les jeunes chiens ne doivent pas se surmener pendant leur croissance ; d'ailleurs vous risquez de devoir jouer les gendarmes et déclarer la fin du jeu alors que votre compagnon n'est pas prêt à abandonner. De même, les chiennes en gestation depuis plus de cinq semaines ne doivent pas pratiquer des jeux demandant beaucoup d'énergie. Tout cela ne signifie pas que vous deviez cesser de jouer avec votre compagnon, mais simplement qu'il faut tenir compte de ses forces et de ses faiblesses. Si vous avez des doutes, consultez votre vétérinaire sur les faiblesses éventuelles à prendre en considération. Les chiens âgés peuvent certes apprendre de nouveaux tours, mais sans surmenage.

Prenez garde également où vous jouez et avec quoi. Assurez-vous d'être dans un environnement sûr. Si votre ami doit se tenir en équilibre, évitez les surfaces glissantes et procurez-lui de l'eau à boire en abondance. Il vaut mieux éviter les jeux demandant beaucoup d'énergie moins d'une heure avant ou après le repas de votre compagnon, et pendant la période la plus chaude, les jours ensoleillés. Enfin, vérifiez tous les objets que vous lui donnez pour jouer : les objets effilés, les petits éléments susceptibles d'être mâchés ou avalés, ou encore les jouets peints ou traités chimiquement ne conviennent pas.

Mais trêve d'avertissements ! Il est grand temps d'aller jouer avec votre chien...

Les jeux de
type Attraper

Votre chien connaît sans doute déjà et aime sûrement les jeux où il faut attraper des objets, mais voici comment transformer une simple action de type attraper-rapporter en un ensemble de jeux. Et si votre compagnon est de ceux qui n'ont aucune difficulté à attraper des objets mais qui sont moins contents à l'idée d'abandonner leurs trésors, au point que ça en devient un cercle sans fin, ce chapitre vous explique comment dresser un chien à lâcher de son plein gré même un trésor. S'il se montre particulièrement doué, vous pourrez aussi lui indiquer à qui rapporter le jouet dans son groupe d'intimes. Vous apprendrez également à transformer un chien qui rechigne à rapporter le courrier en un porteur accompli de courrier à domicile.

▶ **UN** La plupart des chiens courent après un jouet ou une balle qui vient d'être lancée. Lorsque votre chien se met à courir, dites « Attrape ! ». Quand il atteint son objectif et ramasse la balle, flattez-le.

Retour à l'envoyeur

Certaines races de chiens, comme les labradors et les golden retrievers, semblent être nées pour attraper des objets. Tous les chiens ne sont pas aussi enclins à ces jeux, qui constituent néanmoins un moyen idéal pour vous de doubler son exercice physique (tout en restant debout et en lançant les objets !) ; cela vaut donc le coup de persévérer jusqu'à ce qu'il ait compris le principe du jeu. S'il comprend lentement, faites des séances courtes et passez à autre chose. Il est important de ne pas l'ennuyer avec un jeu.

JOUER À RAPPORTER DANS L'EAU

Les chiens qui aiment l'eau et attraper des objets seront certainement heureux si vous combinez les deux. Jouez sur la plage ou choisissez un lac ou un étang calme et lancez les objets prudemment, c'est-à-dire en respectant la faune et en évitant les baigneurs. C'est un jeu excellent pour les vieux chiens qui sont parfois un peu raidis : nager ne sollicite pas leurs articulations.

SÉCURITÉ Vérifiez que l'objet que vous lancez est sans danger pour votre chien lorsqu'il l'attrape. Si vous vivez avec un enthousiaste des jeux de type Attraper, investissez dans une balle de taille à être attrapée par lui et dans une machine à lancer, qui les enverra bien plus loin que vous ne le feriez. Les petites balles, les jouets et les bâtons sont des exemples classiques d'objets qui ne sont pas adaptés au lancer. Si votre compagnon devient surexcité, il peut s'étouffer avec un jouet trop petit, et les bâtons peuvent se fendre dans sa gueule s'ils sont attrapés trop énergiquement.

▲ DEUX Dès qu'il ramasse la balle, dites-lui « Reviens ! ». Quand il se retourne pour venir vers vous, encouragez-le avec enthousiasme. S'il se met à errer à ce moment du jeu, recommencez à l'étape du lancer pour qu'il comprenne peu à peu le principe de l'enchaînement.

▶ TROIS Lorsqu'il revient vers vous, dites-lui « Assis ! ». En s'asseyant, il lâchera peut-être naturellement la balle ; dans le cas contraire, accroupissez-vous et proposez-lui une récompense. Dès qu'il lâche la balle, flattez-le généreusement.

▶ UN Si vous trouvez que votre chien est trop excité pour ramener la balle ou le jouet que vous utilisez pour les jeux de type Attraper, prenez deux jouets qu'il aime autant, puis lancez le premier jouet et laissez-le se précipiter pour l'attraper.

Joue encore

Certains chiens aiment tellement attraper des objets qu'ils deviennent surexcités et refusent d'abandonner la balle ou le jouet qu'ils viennent d'attraper. Le moyen le plus simple de guérir votre compagnon de cette habitude tout en gardant le jeu attrayant consiste à échanger des objets avec lui. Cela contribue également à lui éviter d'être obsédé par un seul jouet, et à lui faire comprendre le principe de l'échange. S'il réalise qu'en vous abandonnant quelque chose de nouvelles choses plus attrayantes se produisent, il est probable qu'il ne deviendra pas trop possessif envers des objets qu'il considère comme « les siens ». Cela sera également utile s'il s'empare d'un objet qu'il ne devrait pas prendre, comme l'une de vos chaussures préférées. S'il sait qu'il va obtenir quelque chose d'aussi intéressant en échange, il sera content d'abandonner les objets à votre demande.

L'ORDRE LÂCHE

Si votre ami rechigne à vous abandonner ses jouets, apprenez-lui l'ordre Lâche. Placez votre main délicatement sous sa mâchoire alors qu'il tient une balle dans sa gueule, et dites « Lâche ! » tout en retirant doucement la balle. Rendez-lui ensuite la balle, pour qu'il sache qu'il ne sera pas privé de son jouet pour vous avoir obéi.

▲ DEUX Lorsqu'il attrape le premier jouet, appelez-le pour capter son attention et agitez le second jouet en l'air. La plupart des chiens courront vers vous ; certains lâcheront instantanément le jouet qu'ils tiennent dans leur gueule pour attraper le nouveau. Si votre compagnon n'est pas dans cette dernière catégorie, consultez l'encart ci-contre.

▶ TROIS Dès qu'il a lâché le premier jouet, lancez le deuxième. Pendant qu'il l'attrape, reprenez le premier jouet et, lorsqu'il revient vers vous, répétez l'enchaînement.

Va chercher

Les chiens sont capables d'apprendre un nombre impressionnant d'objets par leur nom. Lorsque vous avez entraîné votre compagnon à reconnaître ces noms, vous pouvez combiner cette expertise avec des jeux de type Attraper pour lui faire attraper différents objets. Ne l'entraînez pas à distinguer des objets tant qu'il n'a pas compris la notion Attraper. Ensuite, utilisez un cliqueur pour lui faire reconnaître des objets. Commencez avec un jouet à proximité, encouragez-le à le renifler tout en prononçant le nom de l'objet avec enthousiasme, puis, lorsqu'il se tourne vers le jouet, cliquez et récompensez-le. Répétez le nom que vous avez donné au jouet à chaque fois que votre chien le renifle. Lorsque vous êtes sûr qu'il a compris, vous pouvez introduire d'autres jouets de la même manière.

◀ UN Lorsque votre ami a appris le nom de deux ou trois jouets de la manière indiquée ci-dessus, alignez ses jouets favoris et nommez-en un : « Va chercher ta balle ! ». Il ramassera peut-être le mauvais jouet à plusieurs reprises. Répétez alors le nom de l'objet.

▶ DEUX Quand il ramasse enfin le bon jouet, cliquez et récompensez-le, en le flattant généreusement. Reculez d'un pas et demandez-lui de vous rapporter le jouet : « Apporte ! ».

▲ TROIS Lorsqu'il se tourne vers vous avec le jouet, ne manquez pas de le flatter généreusement et récompensez-le quand il vous le rapporte. Laissez-le jouer un peu avec son trophée pour lui montrer que le fait de trouver la bonne réponse engendre des choses agréables.

RESTEZ SIMPLE

Lorsque vous jouez à Va chercher pour la première fois, assurez-vous que le jouet que vous lui donnez à identifier est bien en vue. Si à un moment donné il semble embrouillé, reprenez au début ; ne passez pas à des ordres plus compliqués.

▼ DEUX Vous devrez peut-être effectuer plusieurs tentatives ; toutefois, continuez de l'encourager et de pointer le journal du doigt. Lorsqu'enfin, il le ramasse, dites « Viens là ! ».

▲ UN Placez le journal (ou le magazine auquel vous êtes abonné) à proximité, à un endroit où votre ami peut bien le voir, par exemple sur le pas de la porte, pour qu'il s'entraîne à ramasser le journal sur le tapis. Dites « Attrape le journal ! » et montrez-le-lui.

Le porteur de courrier

Lorsque votre chien est familier des notions Attraper et Va chercher et qu'il sait vous rapporter les objets demandés, vous pouvez ajouter un peu de variété. L'entraîner à rapporter le journal ou le courrier est un tour qui s'avère autant utile pour vous que plaisant pour lui. Et si l'intérêt de votre compagnon pour le postier ou tout autre livreur n'est pas aussi anodin que vous le souhaiteriez, le fait de lui confier une tâche qu'il aime faire à leur arrivée peut tout à fait le décourager d'aboyer ou d'adopter un comportement antipathique envers eux.

L'APPRENTISSAGE D'UNE TÂCHE

N'entraînez pas votre ami au jeu du porteur de courrier tant qu'il n'exécute pas les ordres « Attrape ! », « Reviens ! » et « Lâche! » à bon escient. Ne craignez pas de reprendre un jeu au début s'il s'embrouille. Le simple fait de lui donner l'ordre « Assis ! » le soulagera s'il est confus : exécuter des ordres qu'il connaît parfaitement renforcera sa confiance, tant en vous qu'en ses propres capacités.

▼ TROIS Lorsqu'il vous rapporte le journal, dites « Lâche ! » et posez doucement la main sous sa mâchoire pour récupérer le journal. Accroupissez-vous à son niveau et flattez-le généreusement. Récompensez-le avec une friandise ou en le laissant jouer avec son jouet favori.

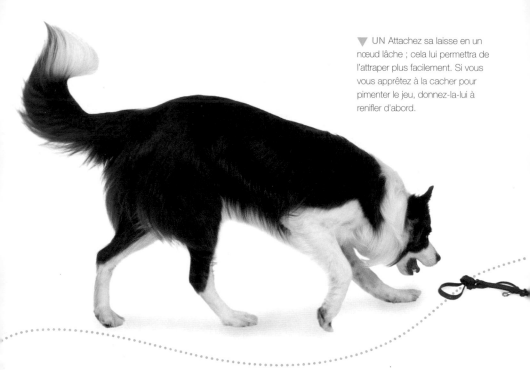

UN Attachez sa laisse en un nœud lâche ; cela lui permettra de l'attraper plus facilement. Si vous vous apprêtez à la cacher pour pimenter le jeu, donnez-la-lui à renifler d'abord.

En promenade

La plupart des chiens sont excités à l'avance à l'idée d'aller en promenade ; toutefois, vous pouvez stimuler cette excitation en leur donnant une tâche à accomplir pendant que vous vous préparez. De votre côté, vous devrez peut-être mettre un manteau, attraper une écharpe et mettre vos chaussures. De son côté, votre chien n'aura sûrement besoin que de sa laisse, mais vous pouvez l'entraîner à la prendre et à vous l'apporter pour que vous la lui mettiez. Il devrait être facile d'attirer son attention, car il est concentré sur sa promenade, et vous pouvez lui donner l'ordre « Promenade ! » ou « Apporte ta laisse ! ». S'il a déjà de l'assurance dans les jeux de type Attraper, vous pouvez ajouter une étape supplémentaire en cachant sa laisse.

TROUVE LE ... ?

Vous pouvez entraîner votre ami à attraper d'autres choses avant la promenade. Lorsqu'il sait rapporter sa laisse, essayez « Où est mon écharpe ? » ou bien « Où est mon chapeau ? » et regardez l'excitation monter chez lui lorsqu'il trouve l'objet demandé.

▲ DEUX Assurez-vous qu'il vous regarde et accrochez la laisse à sa place habituelle ou cachez-la à un endroit facilement accessible pour lui. Dites « Promenade ! » en pointant du doigt la laisse ou la direction où elle est cachée. Répétez l'ordre sur un ton insistant jusqu'à ce qu'il aille la chercher.

▶ TROIS Si besoin, allez chercher sa laisse avec lui, et répétez-lui « Promenade ! » tout en la lui donnant. Après quelques essais, il devrait être capable de la prendre (ou de la renifler) par lui-même. Flattez-le généreusement quand il a réussi. Sortez votre compagnon juste après avoir pris sa laisse pour qu'il comprenne que la préparation conduit à la récompense par une promenade.

Donne

Pour jouer à ce jeu, vous devez maîtriser l'ordre Lâche. Si ce n'est pas le cas, jetez un œil à l'encart de la page 24 avant de poursuivre. L'ordre Donne ajoute cette étape : cela encourage votre chien à vous donner quelque chose lorsque vous tendez la main pour l'obtenir. Nous n'insisterons jamais assez sur le fait que votre compagnon ne doit pas avoir l'impression de perdre en obéissant à vos ordres : son obéissance doit toujours en valoir la peine pour lui grâce à votre flatterie, à une friandise ou au simple échange d'un objet par un autre (une friandise contre un jouet, par exemple). Lorsque vous lui demandez de vous donner quelque chose, prenez garde à la manière de le dire, également : cela doit être vif, enjoué et dans l'attente d'un effet, mais jamais agressif ni conflictuel.

AGISSEZ AVEC DOUCEUR

S'il rechigne vraiment à vous donner le jouet et qu'il commence à gronder, n'élevez pas la voix. Émettez plutôt un souffle « choqué ». Cela créera un événement de surprise sur l'animal qui le fera sûrement abandonner son jouet, sans toutefois l'alarmer.

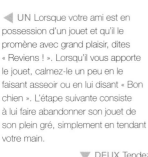

◀ UN Lorsque votre ami est en possession d'un jouet et qu'il le promène avec grand plaisir, dites « Reviens ! ». Lorsqu'il vous apporte le jouet, calmez-le un peu en le faisant asseoir ou en lui disant « Bon chien ». L'étape suivante consiste à lui faire abandonner son jouet de son plein gré, simplement en tendant votre main.

▼ DEUX Tendez la main, comme vous le feriez pour l'ordre « Lâche ! » mais en la tenant simplement près du jouet, et non sous sa mâchoire. Dites calmement « Donne ! », puis, tout doucement, tirez sur le jouet pour le lui faire lâcher. S'il le tire en arrière, laissez faire, puis replacez votre main près du jouet et répétez l'ordre. Cela peut nécessiter plusieurs tentatives, mais dès qu'il lâche le jouet, flattez-le généreusement et récompensez-le. Ensuite, rendez-lui son jouet.

Trouver par soi-même

Cache-cache a toujours été l'un des jeux les plus prisés ; en voici la version canine. Votre chien y prendra autant de plaisir que vous. Qu'il creuse à la recherche d'un trésor enfoui (dans son propre bac à sable), vienne vous chercher avec empressement là où vous vous êtes caché, débusque un jouet qui fait du bruit ou piste quelque chose, tous ces jeux requièrent un peu de jugeote et beaucoup d'enthousiasme. Et même s'il apprend ces jeux avec l'appât d'une friandise, bientôt tout ce qu'il trouvera avec ses propres déductions sera une récompense suffisante pour qu'il vous demande de rejouer.

▶ UN Commencez le jeu en familiarisant votre chien avec ce que vous attendez de lui. Envoyez un membre de la famille dans une autre pièce, puis dites « Où est Jean ? » et demandez à Jean de l'appeler. Récompensez votre compagnon lorsqu'il court à la porte pour faire la fête à Jean. Quand il le trouve facilement, en ayant été appelé ou non, vous pouvez lui donner une lettre à livrer. Répétez de nouveau « Où est Jean ? »

Livraison en direct

C e jeu entraînera votre ami à « livrer » des messages, des lettres ou de petits objets aux membres de votre foyer. Faites en sorte que les choses qu'il doit livrer soient faciles à porter pour lui, et commencez avec le nom d'une seule personne. Lorsqu'il a suivi l'enchaînement ci-dessus, et seulement à ce moment-là, vous pouvez ajouter peu à peu les noms des autres membres de la famille. Au final, après beaucoup de pratique, vous aurez fait de votre compagnon un livreur de courrier à domicile, capable de le livrer à chaque membre de la famille se trouvant à la maison.

ON NE MÂCHE PAS
||||||||||||||||||||||||||||||||||||||||||||||||||||

Les races connues pour rapporter des objets le font plutôt en douceur : c'est dans leurs gênes. En revanche, pour d'autres races comme les terriers ou les races naines, il peut s'avérer difficile de ne pas mâchonner ou mettre dans leur gueule ce qu'ils sont censés livrer. Il peut alors s'avérer nécessaire d'ajouter un ordre comme « Ne mâche pas ! » à leur répertoire.

▲ DEUX Quand il tient bien la lettre dans sa gueule, demandez à Jean de l'appeler à nouveau, mais d'une autre pièce. Au début, il risque de lâcher la lettre et de se précipiter pour répondre à l'appel. Si c'est le cas, ramassez la lettre et rappelez-lui de la prendre avec lui. Redonnez-la-lui, dites « Attends ! », puis « Où est Jean ? ».

◀ TROIS Lorsque votre chien arrive, demandez à Jean de s'agenouiller, d'étendre la main et de dire « Donne ! ». Dès qu'il lui a donné la lettre, Jean doit le récompenser et le flatter généreusement. Il est relativement difficile d'entraîner votre compagnon à cet enchaînement, de sorte que vous assisterez peut-être à quelques faux départs avant qu'il y parvienne. Soyez patient et faites des séances courtes.

Le trésor enfoui

Un bac à sable est plus que bienvenu dans les jeux de nombreux chiens. Cela est spécialement vrai pour ceux qui aiment creuser, comme la plupart des races de terrier, et pour ceux qui aiment pister. Un bac à sable peut aussi être une solution pour ceux qui creusent dans les massifs de fleurs : en leur offrant un espace où creuser, vous leur permettrez de satisfaire leurs instincts naturels d'une manière qui vous convient. Si votre compagnon s'est déjà entraîné avec la poubelle, il risque de ne pas faire la différence avec un bac à sable. Choisissez donc un autre jeu ! Recouvrez le bac à sable lorsque vous n'êtes pas dans le jardin avec lui pour éviter qu'il n'attire les chats du quartier et pour que le sable reste sec en cas de pluie.

▲ UN Dans le jeu précédent, il vous a vu cacher un jouet. Corsez un peu la situation en lui montrant le jouet, puis en vous retournant (ou en courant dehors) pour le cacher dans le bac à sable.

▼ DEUX La première fois que vous enterrez un jouet, laissez-en dépasser un bout. Courez avec votre chien jusqu'au bac à sable, en lui disant « Cherche le jouet ! ». S'il ne saute pas immédiatement dedans pour creuser, montrez le jouet du doigt.

DU SABLE ADAPTÉ

Vérifiez que vous achetez bien du sable fin destiné aux bacs à sable, et non du sable plus grossier, utilisé en construction. Ce dernier peut s'avérer très dur et abrasif, et érafler la peau des chiens les plus enthousiastes à creuser.

TROIS Trouvé ! Maintenant qu'il a compris le jeu, vous pouvez ajouter d'autres objets et les enterrer plus profond dans le sable. S'il connaît quelques noms d'objets, enterrez-les et demandez-lui de vous en rapporter un en particulier.

SÉCURITÉ Votre bac à sable doit être réservé à votre chien, pas partagé avec vos enfants. Comme vous le feriez avec celui de vos enfants, assurez-vous de l'absence d'échardes et de clous apparents avant de laisser votre compagnon y jouer.

QUATRE Lorsqu'il vous rapporte l'objet, dites « Donne ! », comme toujours, puis rendez-lui l'objet – même si vous risquez de réaliser qu'il veut que vous l'enterriez à nouveau !

Couine, petit cochon

Les chiens aiment généralement beaucoup les jouets qui couinent. Couine, petit cochon est le jeu parfait lorsqu'il pleut des cordes, que vous avez beaucoup de monde à la maison et que votre chien s'ennuie et manque d'exercice. Quelques personnes peuvent aussi apprécier ce jeu lorsque votre chien se précipite d'une pièce à l'autre à la recherche du lieu d'où provient le bruit. Essayez avec des jouets qui font des bruits différents – les animaleries proposent des jouets dans une gamme de sons allant du « couin-couin » du canard au couinement suraigu d'une souris.

◀ UN Un « joueur » attire l'attention de votre chien avec un jouet qui couine. Tous les autres joueurs prennent un jouet qu'ils cachent dans différentes pièces. Vous pouvez vous cacher derrière un meuble ou même dans un placard afin d'augmenter le défi pour votre compagnon. Puis, faites « couiner » vos jouets en même temps, tandis que la personne restée près du chien lui dit « Va chercher! ».

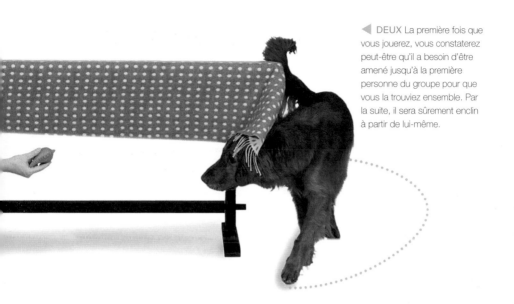

DEUX La première fois que vous jouerez, vous constaterez peut-être qu'il a besoin d'être amené jusqu'à la première personne du groupe pour que vous la trouviez ensemble. Par la suite, il sera sûrement enclin à partir de lui-même.

TROIS Chaque fois qu'il trouve un nouveau joueur, celui-ci doit le flatter et le caresser, et lui donner le jouet s'il le réclame – quoi qu'il risque d'être trop impatient d'aller chercher la personne suivante pour le réclamer. Encouragez-le à continuer jusqu'à ce qu'il ait trouvé tous les jouets et les personnes.

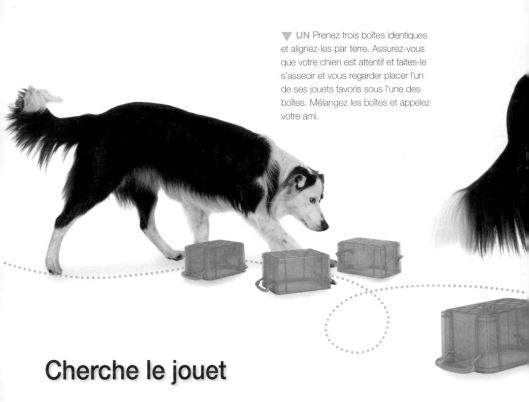

UN Prenez trois boîtes identiques et alignez-les par terre. Assurez-vous que votre chien est attentif et faites-le s'asseoir et vous regarder placer l'un de ses jouets favoris sous l'une des boîtes. Mélangez les boîtes et appelez votre ami.

Cherche le jouet

Lorsque votre chien a appris le nom de quelques objets et qu'il peut identifier plusieurs jouets, il y a des chances pour qu'il aime le jeu Cherche le jouet. Vous pouvez commencer avec deux boîtes seulement, même si trois boîtes sont montrées ici. Tous les chiens ne sont pas aussi rapides pour retourner la boîte, donc vous devrez peut-être aider un peu votre compagnon quand il aura identifié la bonne boîte. Donnez-lui une chance de terminer le jeu tout seul, mais s'il n'y arrive pas, préparez-vous à lui monter plusieurs fois. Lorsqu'il a compris le jeu, compliquez la tâche en utilisant des boîtes qu'il devra ouvrir au lieu de juste les retourner. Toutefois, veillez à ce qu'il ne soit pas frustré par un jeu, au risque qu'il cesse d'essayer et qu'il perde son enthousiasme pour toute nouveauté.

UN USAGE SPÉCIFIQUE

Veillez à ce que votre compagnon associe les éléments du jeu (comme les boîtes) à ce jeu uniquement. Lorsque vous cessez de jouer, rangez les boîtes, et ressortez-les avec enthousiasme la fois suivante pour lui donner envie de jouer.

DEUX Dites « Cherche le jouet ! ». Il devra peut-être s'y reprendre à plusieurs fois pour y parvenir. Si besoin, répétez l'ordre en tapotant sur la bonne boîte avec votre doigt. Lorsqu'il s'approche de la boîte, encouragez-le à la retourner et à trouver le jouet tout seul.

TROIS Dès qu'il a le jouet dans sa gueule, demandez-lui de vous l'apporter, puis invitez-le à vous le donner. Rendez-le-lui toujours en signe de récompense.

Pister une friandise

La plupart des chiens rechercheront avec plaisir – et rapidement – une friandise si vous la cachez et que vous indiquez sa direction. Leur odorat est assez développé pour les y conduire. De petits morceaux de poulet cuit, de saucisse ou de fromage conviennent parfaitement à ce jeu, qui n'est qu'une version préparée à l'avance et étendue du jeu Cherche la friandise ! Comme toujours, soyez cohérent dans ce que vous demandez à votre ami : s'il n'est pas autorisé à grimper sur le canapé, n'y cachez pas des friandises. Choisissez une pièce où vous pouvez le laisser fouiller et renifler à son aise à la recherche de la friandise.

▲ UN Habituez votre compagnon à l'idée de chercher une friandise en le laissant la renifler, puis en la jetant plus loin. Tenez-le en laisse, si nécessaire, puis laissez-le partir en lui disant « Trouve-la ! ». Ensuite, laissez-le vous regarder placer une friandise à un endroit où il devra aller renifler – par exemple derrière un pot de fleurs ou dans une boîte de rangement. Répétez l'ordre « Trouve-la ! » quand il renifle l'objet.

◄ ▲ DEUX Au cours de diverses séances de jeu, habituez-le à attendre que vous ayez caché deux ou trois friandises avant de lui demander de les trouver. C'est maintenant que l'amusement commence : tandis qu'il est assis à l'extérieur de la pièce, cachez une demi-douzaine de friandises à différents endroits, puis laissez-le entrer dans la pièce et dites-lui de manière enjouée « Trouve-la ! ».

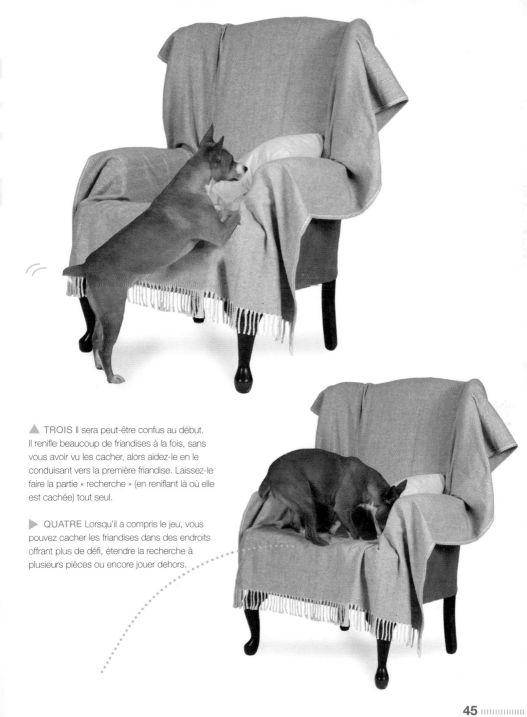

▲ TROIS Il sera peut-être confus au début.
Il renifle beaucoup de friandises à la fois, sans
vous avoir vu les cacher, alors aidez-le en le
conduisant vers la première friandise. Laissez-le
faire la partie « recherche » (en reniflant là où elle
est cachée) tout seul.

▶ QUATRE Lorsqu'il a compris le jeu, vous
pouvez cacher les friandises dans des endroits
offrant plus de défi, étendre la recherche à
plusieurs pièces ou encore jouer dehors.

▲ UN Asseyez-vous près de votre ami et faites doucement rouler une balle sous une table basse ou une chaise. Regardez la balle rouler sous la table en même temps que lui.

Faites rouler la balle

Bien qu'il vous paraisse évident qu'il faille avoir une vue d'ensemble pour trouver le chemin le plus rapide pour obtenir quelque chose, cela ne va pas de soi pour un chiot. Il a fallu deux ou trois tentatives à cette jeune chienne croisée Sloughi-Whippet pour comprendre que le moyen le plus pratique d'atteindre la balle n'était pas forcément le chemin le plus court. Il s'agit moins d'un jeu que d'un exercice. De manière générale, lorsque vous lancez un nouveau défi à votre compagnon, ne faites pas durer l'exercice trop longtemps et évitez qu'il devienne frustrant. Utilisez un meuble qui permet de voir autour et dessous. En effet, vous voulez qu'il comprenne, et non qu'il abandonne.

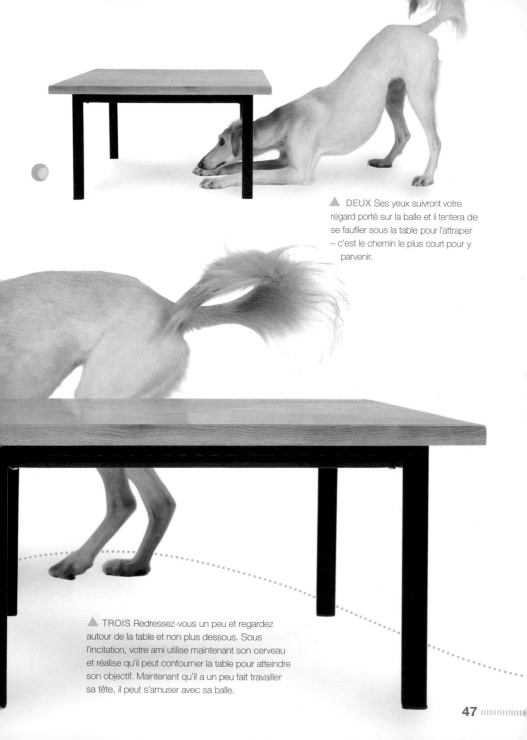

▲ DEUX Ses yeux suivront votre regard porté sur la balle et il tentera de se faufiler sous la table pour l'attraper – c'est le chemin le plus court pour y parvenir.

▲ TROIS Redressez-vous un peu et regardez autour de la table et non plus dessous. Sous l'incitation, votre ami utilise maintenant son cerveau et réalise qu'il peut contourner la table pour atteindre son objectif. Maintenant qu'il a un peu fait travailler sa tête, il peut s'amuser avec sa balle.

▲ UN Le jeu de Cache-cache est très drôle lorsque vous vous promenez avec un ami. Demandez-lui de s'asseoir près de votre chien et de le distraire, puis allez vous cacher derrière un arbre ou un buisson. Choisissez une cachette facile au début et ne vous éloignez pas trop.

Cache-cache

Les chiens aiment jouer à Cache-cache autant que les gens ; toutefois, un exercice du type Trouve-moi l'aidera à comprendre l'objectif immédiatement quand vous serez amené à jouer à ce jeu dehors. Pour l'aider à en comprendre le principe, placez une friandise dans un petit récipient ou une tasse en plastique, puis appelez votre ami d'une autre pièce tout en faisant du bruit avec l'objet. Dès qu'il s'approche pour réclamer la friandise, flattez-le généreusement. Réitérez cet exercice dans toute la maison, en cachant la friandise de plus en plus loin, jusqu'à ce qu'il doive parcourir toute la maison pour vous trouver. Ensuite, suivez les étapes précédentes mais cette fois-ci, dehors. Quand il a compris le jeu, vous pouvez inviter plusieurs membres de la famille à jouer et laisser votre compagnon vous trouver l'un après l'autre.

▲ DEUX Quand vous êtes caché, appelez votre chien tout en faisant du bruit avec le récipient en plastique contenant sa friandise. Il se précipitera pour vous trouver, encouragé par votre ami. Dès qu'il vous a trouvé, donnez-lui sa friandise, puis échangez les rôles et laissez votre ami se cacher. À mesure que le jeu progresse, vous pouvez chercher des cachettes plus difficiles afin d'augmenter le défi pour votre animal.

▼ TROIS Lorsqu'il a compris le jeu, vous pouvez arrêter de faire du bruit avec sa friandise et vous contenter de l'appeler. Une bonne accolade quand il vous aura trouvé sera pour lui une récompense suffisante.

Suivre une piste

Aucun chien n'est trop jeune ni trop vieux pour jouer à ce jeu d'arrière-cour. Même un très vieux chien perclus d'arthrite peut s'amuser à pister une récompense à son propre rythme. Il n'est pas surprenant que les chiens de chasse montrent généralement la meilleure aptitude à pister quelque chose ; toutefois, d'autres races aiment également cela. Pratiquez cet exercice avec votre compagnon et il en comprendra vite le principe. Fabriquez un « sac à pister » en emballant dans un morceau de tissu quelques biscuits trempés dans du jus de viande et attachez-le à une ficelle pour pouvoir le traîner sur le sol.

COMMENCEZ TÔT

Un chiot est capable de suivre une piste dès l'âge de trois mois environ. Essayez de lui préparer une piste le conduisant à sa gamelle ou à une friandise.

▶ UN Alors que votre ami se trouve à l'intérieur, traînez le sac à pister sur le sol de votre jardin, laissant ainsi une trace à suivre pour votre compagnon. Ne le traînez pas en ligne droite mais en le faisant tourner autour des arbres et sous le feuillage. Laissez une friandise surprise à la fin de la piste pour qu'il la trouve.

DEUX Faites-le sortir et donnez-lui vos doigts à renifler. Ne lui donnez pas le sac à pister, car il se contenterait d'essayer d'en manger le contenu. Amenez-le au début de la piste et encouragez-le à démarrer en abaissant votre main vers le sol. En baissant la tête, il trouvera la trace. S'il a l'air confus, accompagnez-le sur la piste sur un ou deux mètres au bout de sa laisse, en avançant vos doigts pour qu'il suive la trace.

TROIS Lorsqu'il prend de l'assurance pour pister sa friandise, compliquez le tracé des pistes ou tracez une piste dans les bois pour pouvoir jouer ensemble au « chien policier ».

▲ UN Tenez-vous immobile avec les jambes écartées de la largeur de vos épaules. Placez une friandise dans votre main gauche. Votre compagnon doit se trouver à votre gauche. Faites passer l'appât devant votre jambe gauche et encouragez-le à passer entre vos jambes en changeant la friandise de main. Maintenant, faites passer l'appât autour de votre jambe droite pour qu'il suive.

Marcher et slalomer

C e jeu convient parfaitement aux chiens actifs aimant les défis. Il n'est pas très surprenant que la plupart des maîtres des jeux Marcher et Slalomer et Le chien danseur sur la scène soient les Border-Collies, une race connue pour son intelligence et son agilité. Ce jeu ne convient pas à tous les chiens, mais la plupart des races peuvent le maîtriser, à condition que vous fassiez preuve de patience et de cohérence pendant la phase d'apprentissage et que vous ne persistiez pas s'il s'ennuie. N'ajoutez ce jeu à son répertoire que lorsqu'il a déjà appris plusieurs autres jeux et ordres et qu'il est habitué à bien se concentrer pendant les séances.

▲ TROIS Prêt à Marcher et Slalomer ?
Ce jeu demande de la pratique, donc il vaut
mieux que vous vous entraîniez d'abord
seul. Lorsque votre ami se trouve sur votre
gauche, levez la jambe droite. N'oubliez pas
vos signes de la main pour l'appâter ! Quand
vous reposez la jambe droite au sol, levez
la jambe gauche et encouragez-le à tourner
autour de votre jambe gauche. Une fois que
vous maîtrisez tous les deux ce mouvement,
essayez-le en marchant.

PRENEZ VOTRE TEMPS

Ce jeu requiert que vous soyez en harmonie
avec votre animal ; il n'est pas fait pour les
débutants ni les chiots. Faites des séances
courtes, pensez que votre compagnon va
mettre un peu de temps pour apprendre et ne
le laissez pas s'ennuyer ni s'embrouiller. Si
vous pouvez tous deux maîtriser ce jeu, vous
venez d'apprendre l'un des mouvements de
base du jeu Le chien danseur !

▲ DEUX Au début, donnez-lui l'ordre
« Slalome ! » ou servez-vous d'un
cliqueur ; puis, à mesure que votre chien
apprend le jeu, vous pouvez supprimer
l'ordre – et les friandises – et vous
contenter de faire des signes de la main.
Au début, vous devrez vous pencher
vers lui pour le récompenser, mais en
progressant, vous réaliserez que vous
pouvez vous redresser et qu'il continuera
de suivre vos mouvements facilement.

Un tour pour une récompense

Votre compagnon est un comédien né et vous faites tout pour qu'il le reste ? Ce chapitre est pour vous. Elle vous propose une variété de tours que les chiens aimant jouer en public apprendront avec plaisir. Et le meilleur, c'est qu'ils sont susceptibles de déclencher des applaudissements non sollicités. Certains tours sont plus difficiles que d'autres, voire même réellement compliqués, mais la plupart des chiens peuvent apprendre à serrer la patte ou à donner une accolade et une bise, tandis que ceux qui sont suffisamment intelligents et persévérants pour apprendre Le chien timide et Bonne nuit auront un tour à jouer en soirée pour le reste de leur vie, avec certainement en bonus beaucoup de flatteries et de récompenses.

▲ UN Commencez par demander à votre compagnon de s'allonger. Ensuite, agenouillez-vous à côté de lui et étendez la main comme pour lui gratter le ventre. Il roulera avec plaisir d'un côté ou de l'autre.

La roulade

L a plupart des chiens trouvent que l'ordre « Roulade ! » est facile à obéir ; toutefois, avant de commencer, vérifiez que votre chien connaît l'ordre « Couché ! » et n'essayez pas de lui faire faire une roulade avant. S'il n'est pas sûr de ce que vous voulez, il ne prendra pas plaisir à essayer de comprendre et vous risquez d'entamer sa confiance dans les choses qu'il sait déjà faire. Si vous vous aidez de la méthode du cliqueur pour l'entraîner, ne cliquez et récompensez votre ami que lorsqu'il fait une roulade complète.

SÉCURITÉ

Les races à long dos, comme les Whippets et les lévriers, trouvent la roulade plus difficile à faire que d'autres races plus compactes. N'insistez pas si votre chien semble mal à l'aise.

◀ DEUX Quand il est couché sur le côté, grattez-lui brièvement le ventre, puis sortez une friandise, tenez-la au-dessus de son oreille et faites-la lentement tourner autour de sa tête. En même temps, dites « Roulade ! ». Certains, qui trouvent le mouvement très naturel, comprendront tout de suite ce que vous voulez, tandis que pour d'autres il faudra faire plusieurs tentatives. Récompensez votre compagnon même s'il n'a pas tout à fait réussi la première fois, puis réessayez.

▼ TROIS Lorsqu'il a réussi la roulade, demandez-lui de se lever. Quand il est capable de faire une roulade avec assurance, essayez sans la récompense, en faisant juste un cercle avec votre main, puis donnez-lui la friandise après la roulade.

▼ UN Votre chien peut commencer en position debout ou assise, comme cela lui vient. Accroupissez-vous à côté de lui et dites « Couché ! ».

▼ DEUX Dès qu'il est couché, donnez-lui l'ordre « Roulade ! » mais – et c'est là l'astuce –, quand il arrive à mi-chemin, couché sur le côté, dites « Attends ! » et donnez-lui une récompense. Lorsqu'il est bien installé sur le côté, donnez-lui l'ordre « Fais le mort! ».

Jouer au mort

C et exercice rentre plus dans la catégorie des tours que des jeux ; toutefois, après avoir vu un chien le réussir puis recevoir toutes les flatteries qu'il mérite, personne ne peut douter qu'il aime beaucoup cela. Même si ce tour n'est pas particulièrement difficile à enseigner, il requiert toutefois une séquence de mouvements, de sorte que votre compagnon doit déjà être familier avec les ordres « À terre ! » et « Roulade ! ». Et lorsqu'il réussira à jouer au mort, n'espérez pas qu'il tienne la position longtemps alors qu'il entendra les éclats de rire et les applaudissements des spectateurs amusés.

▼ TROIS Lorsqu'il aura compris le principe – et cela demandera sûrement un peu de pratique –, vous pourrez enfin ignorer les deux premiers ordres et il s'effondrera sur le sol d'emblée lorsque vous lui direz « Fais le mort ! ». Si vous le souhaitez (et que vous n'avez pas peur des accusations de mauvais goût), vous pouvez faire le signe d'appuyer sur la gâchette avec le doigt.

▶ **UN** Le meilleur moyen d'entraîner votre chien à cet exercice est d'attendre qu'il étire ses pattes avant naturellement. Lorsqu'il les étend, dites « Salue ! », puis flattez-le et donnez-lui une récompense. Il sera d'abord étonné, mais après avoir été surpris en plein étirement et avoir été récompensé plusieurs fois, il finira par comprendre le principe.

Faire la révérence

Observez votre chien dans la vie quotidienne et vous remarquerez qu'il s'étire régulièrement – après une sieste ou pour se préparer à faire des activités – et se cambre en allongeant les pattes avant, comme pour faire une révérence. Si vous êtes rapide, vous pouvez repérer votre chien lorsqu'il salue naturellement, lui en donner l'ordre et le récompenser quand il l'a effectué. Nombre de chiens aiment tellement cette position qu'ils assimileront l'ordre très rapidement. Si cela n'est pas une position naturelle pour votre chien, suivez les étapes décrites plus haut et il en comprendra vite le principe. Saluez-le en lui en donnant l'ordre, et regardez-le saluer poliment en retour.

SÉCURITÉ Ce jeu ne convient pas aux vieux chiens perclus d'arthrite ni aux chiens avec des problèmes de dos. Si vous n'avez jamais surpris votre chien âgé adoptant cette position naturellement, ne l'y encouragez pas juste pour votre plaisir.

▶ DEUX La prochaine fois qu'il s'étirera, placez une friandise devant ses pattes et tenez son ventre d'une main tout en lui disant « Salue ! ». En général, les chiens comprennent vite ; votre compagnon n'aura bientôt plus besoin de votre aide et saluera quand vous le lui demanderez.

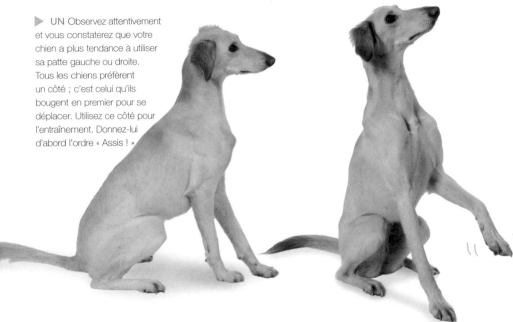

▶ UN Observez attentivement et vous constaterez que votre chien a plus tendance à utiliser sa patte gauche ou droite. Tous les chiens préfèrent un côté ; c'est celui qu'ils bougent en premier pour se déplacer. Utilisez ce côté pour l'entraînement. Donnez-lui d'abord l'ordre « Assis ! »

Serrer la patte

Ce jeu vient naturellement à nombre de chiens, qui donnent beaucoup de coups de patte en jouant même entre eux, à tel point qu'ils prennent souvent l'habitude de faire ce geste avec « leurs gens » pour attirer l'attention ou jouer. En plus du plaisir pour vous d'entraîner votre ami et pour lui d'apprendre à serrer la patte, cet exercice peut permettre de contrôler les coups de patte indésirables en dehors du jeu : en associant les coups de patte à un ordre, votre chien devient moins sujet à faire ce geste quand il n'est pas demandé.

▲ DEUX Asseyez-vous à côté de lui et touchez le muscle de son épaule du côté où vous voulez qu'il lève la patte. Sa patte avant se lèvera légèrement de manière automatique. Il n'aura pas besoin de beaucoup d'incitation pour réussir ce geste : lever la patte est un comportement naturel pour les chiens.

▼ TROIS Lorsque sa patte se soulève, prenez-la dans votre main, secouez-la doucement et dites « Serre la patte ! ». Placez votre main sous sa patte et non dessus : un jeune chien ou un chien nerveux pourrait se sentir menacé. Lorsqu'il serre la patte avec assurance, vous pouvez lui demander de faire ce geste quand vous êtes debout devant lui.

« DIS AU REVOIR DE LA PATTE »

Lorsque votre chien sait serrer la patte tout seul, vous pouvez poursuivre le jeu en lui apprenant à « dire au revoir de la patte ». Reculez un peu quand il vous tend la patte. Il donnera un coup de patte dans le vide ; vous pouvez alors lui apprendre l'ordre « Dis au revoir de la patte ! ».

Le rangement

Vous en avez assez de ranger après tout le monde à la maison ? Alors, Le rangement peut être un tour utile à apprendre à votre chien. Suivez simplement les étapes et au moins un membre de la famille ramassera ainsi après les autres. Si votre compagnon aime les jeux rapides, ajoutez le jeu Le chien basketteur au jeu Le rangement (quand il le connaît suffisamment bien). Dans cette variante simple du jeu, vous faites rouler une balle vers lui et donnez l'ordre « Range ! ». Dès qu'il a mis la balle dans le panier, vous pouvez en faire rouler une autre. Certains chiens apprennent ce jeu avec tant d'enthousiasme que vous devrez faire des efforts pour tenir le rythme.

UN Pour qu'il apprenne ce jeu facilement, préparez le terrain en posant son panier de jouets à un endroit et en éparpillant à proximité les jouets que vous voulez qu'il range. Commencez le jeu en lui montrant l'un de ses jouets préférés et en l'encourageant à vous suivre jusqu'au panier.

DEUX Tendez-lui le jouet et encouragez-le à le porter dans sa gueule. Tenez une friandise dans votre main et appâtez votre ami en l'agitant au-dessus du panier, puis offrez-la-lui. Il lâchera son jouet dans le panier. À ce moment-là, dites-lui « Range ! ».

TROIS Pratiquez avec un seul jouet plusieurs fois par jour jusqu'à ce que votre compagnon ait appris à ranger son jouet préféré. Quand il maîtrise cela, vous pouvez augmenter le nombre de jouets à ramasser et ne lui donner une friandise que pour un jouet sur deux qu'il met dans le panier.

Attraper la friandise

Il s'agit d'un tour difficile à apprendre pour les chiens. Allez-y doucement, découpez l'apprentissage en parties comme expliqué dans les étapes, soyez patient et flattez-le à chaque tentative montrant que votre chien comprend peu à peu le principe du jeu, même s'il ne réussit pas du premier coup. Faites des séances très courtes – pas plus de trois ou quatre essais consécutifs. De plus, jouez à un jeu facile avec lui entre deux séances d'apprentissage pour qu'il ne se frustre pas s'il trouve le jeu Attraper la friandise difficile. Assurez-vous de vous tenir un peu en arrière lorsque vous l'entraînez à garder sa truffe immobile. Les chiens trouvent menaçante toute personne, y compris un maître bien aimé, qui s'approche trop près en les surplombant ; or, ils ont besoin de se concentrer sur la tâche que vous leur avez demandée de faire.

▲ UN Votre chien doit d'abord apprendre à garder sa truffe immobile. Tenez-la-lui doucement, tout en l'appâtant de l'autre main avec une friandise et dites « Stop ! ». S'il ne parvient pas à s'immobiliser, il ne pourra pas tenir la friandise en équilibre. Lorsqu'il maîtrisera ce jeu, vous n'aurez plus besoin de lui tenir la truffe car il aura compris qu'il doit se tenir immobile pour pouvoir garder la friandise en équilibre.

▶ DEUX Quand il parvient à garder sa truffe immobile, récompensez-le, puis, en tenant doucement son museau, placez une petite friandise en équilibre dessus. (Le chien sur les photos est un virtuose et peut lancer de grosses friandises, mais en phase d'apprentissage, il vaut mieux commencer avec quelque chose de petit et de léger) S'il se met à bouger, dites-lui « Stop ! ». S'il reste immobile ne serait-ce qu'un moment, flattez-le généreusement et récompensez-le.

TROIS Ensuite, reculez et faites le geste sec de lancer en l'air avec votre main. Quand il regarde votre main – et fait bouger la friandise –, dites « Attrape ! ». Finalement, votre action de lancer l'encouragera à faire sauter la friandise.

QUATRE La récompense, enfin ! Vous avez certainement dû réitérer plusieurs tentatives où votre chien a simplement fait glisser la friandise de sa truffe à sa gueule et d'autres où il a fait tomber la friandise par mégarde en levant les yeux vers vous. Mais au bout du compte, il a réussi, et c'est un tour qui lui vaudra beaucoup d'éclats de rire et d'applaudissements quand il l'exécutera devant un public plus nombreux.

▲ UN Choisissez une chaise adaptée. S'il est autorisé à grimper sur le mobilier, ne choisissez pas sa chaise préférée ; ce doit être votre choix et non le sien. Montrez-lui la chaise, puis dites « Viens là ! » et « Monte ! ».

Saute !

Tous les chiens actifs et en bonne santé adorent sauter – et le vrai défi avec eux est de les tenir à l'écart du mobilier, et non de les y inviter. Le présent jeu consiste à entraîner votre compagnon à sauter sur une chaise de votre choix (et non du sien) à votre demande et non à sa guise ! Choisissez une chaise stable placée sur un sol non glissant. Évitez cet exercice aux vieux chiens perclus d'arthrite et aux très jeunes. Les chiots ne doivent pas trop être encouragés à sauter car leurs os et leurs muscles sont en pleine croissance.

DANS MES BRAS

Vous pouvez aussi entraîner la plupart des chiens à sauter dans vos bras (quoique vous serez sans doute plus réticent avec un gros chien). Dites « Stop ! », puis marchez dans la pièce et dites « Viens-là ! » puis « Monte ! » tout en tapant sur vos cuisses. Lorsqu'il a compris le jeu, flattez-le chaleureusement.

DEUX Flattez-le et récompensez-le lorsqu'il saute, puis écartez-vous de la chaise et dites « Stop ! ». Le but est ici de lui apprendre à sauter sur (ou de) la chaise seulement quand vous prononcez le bon mot.

TROIS Attendez quelques instants, puis dites « Descends ! ». Pour varier le jeu, choisissez des chaises différentes. Vous pouvez même jouer à prendre une décision, en disant « Hum, laisse-moi voir… » et en regardant tour à tour les chaises, tandis que votre ami vous observera, tout excité à attendre la chaise que vous allez choisir.

Accolades et bises

Vous avez sans doute déjà une relation tactile avec votre chien (c'est le cas pour la plupart des maîtres), et celui-ci vous fait peut-être déjà des accolades et des bises de son plein gré. Même si c'est le cas, c'est agréable de pouvoir demander une bise à quelqu'un qui vous la fera avec le plus grand plaisir ! Ce jeu a également pour charme d'être très facile car l'apprentissage consiste uniquement à renforcer ce que le chien fait déjà. C'est plus facile avec les petits animaux parce que vous pouvez leur en inculquer l'idée quand ils sont sur vos genoux. Pour jouer à ce jeu avec un gros, asseyez-vous à côté de lui pour que vos visages soient au même niveau.

▶ UN Vérifiez qu'il est bien assis sur vos genoux et qu'il ne peut pas perdre l'équilibre.

SÉCURITÉ Évitez ce jeu si votre compagnon a des problèmes de dos ou s'il a une longue échine, comme les bassets ou les teckels.

◀ **DEUX** Soulevez ses pattes avant et placez-les sur vos épaules, tout en disant « Accolade ! ». Vous pouvez aussi introduire un signal pour accolade : croisez simplement les bras sur votre buste et tapotez vos épaules. Flattez-le quand il se rapproche de vous.

▶ **TROIS** Quand il s'approche pour lécher votre visage, dites « Bisou ! » et flattez-le avec enthousiasme. Quand le jeu est fini, dites systématiquement « Descends ! ». Si votre compagnon s'excite facilement et qu'il devient trop agité, arrêtez le jeu avant que les bises ne se transforment en pincements.

Parle-moi

Parle-moi est un jeu utile car non seulement vous entraînez votre chien à aboyer sur demande mais aussi à arrêter d'aboyer. Nombre de comportements habituels canins tournant parfois à l'agacement pour le maître d'un animal non entraîné peuvent être reprogrammés sous la forme de tours utiles qui viennent compléter son répertoire. En tout cas, ne commencez pas l'entraînement lorsqu'il aboie : cela l'embrouillerait. Choisissez plutôt un moment où il n'y a pas d'autres distractions pour qu'il concentre son attention exclusivement sur vous.

UN Prenez son jouet préféré et tenez-le légèrement hors de sa portée. Appelez-le jusqu'à ce que vous soyez sûr qu'il porte toute son attention sur le jouet ou la friandise et dites « Parle ! ». Il sera bientôt assez frustré de ne pas pouvoir prendre son jouet pour aboyer. Dès qu'il aboie, flattez-le avec enthousiasme. Répétez-lui l'ordre « Parle ! » pour d'autres jouets ou friandises et récompensez-le dès qu'il aboie.

CHANTE SUR LA CHANSON

Beaucoup de chiens aiment la musique, et vous pourrez constater que certains se mettent naturellement à chanter lorsque vous passez votre CD préféré. Si votre chien chante, essayez un duo avec lui. Cela peut s'avérer être un bon morceau à chanter à deux dans le cadre d'une soirée.

◀ DEUX Dès qu'il sait aboyer sur commande, apprenez-lui à murmurer. Prenez une friandise, dites « Parle ! » et lorsqu'il aboie, dites doucement « Chut ! Doucement ! ». Vous devrez peut-être répéter cet exercice plusieurs fois à voix basse, de même qu'il essaiera sans doute plusieurs types d'aboiement. Quand il parviendra à aboyer doucement, flattez-le et récompensez-le. Il connaîtra bientôt la différence entre aboyer et murmurer.

▼ TROIS Vous pouvez aussi lui apprendre à rester calme. Tenez une friandise devant lui, attendez qu'il la regarde et lorsqu'il aboie, dites « Tais-toi ! ». Ne le regardez pas. Quand il arrête d'aboyer, flattez-le généreusement et récompensez-le. Les ordres « Parle ! », « Doucement ! » et « Tais-toi ! » sont généralement très faciles à ajouter à son répertoire de jeux.

▲ UN Accroupissez-vous devant lui et encouragez-le à se tenir sur ses pattes arrière en lui présentant une friandise au-dessus de sa tête. Utilisez votre main gauche, ce qui l'aidera à se déplacer dans le sens des aiguilles d'une montre. Présentez-lui votre main, paume vers le bas.

▲ DEUX Faites un cercle au-dessus de sa tête avec la friandise, en évitant soigneusement de placer votre main derrière sa tête. Il se dressera alors sur ses pattes arrière pour chercher à atteindre la friandise. Au moment où il se redresse, dites « Swingue ! », puis flattez-le et récompensez-le.

▲ TROIS Faites des séances de travail courtes et encouragez-le à décrire des cercles en gardant en main la friandise jusqu'à ce qu'il ait fait quelques pas supplémentaires sur ses pattes arrière. À ce moment-là, dites « Swingue ! ». Encouragez-le à décrire un cercle complet en dansant, puis flattez-le et récompensez-le de nouveau.

Le chien danseur

Avez-vous déjà vu des chiens danser avec leur maître lors de démonstrations ou de concours d'agility télévisés ? Si c'est le cas, vous vous êtes sûrement émerveillé devant l'extraordinaire coordination présentée. Votre compagnon et vous n'atteindront peut-être jamais un niveau de compétition ; toutefois, les petits chiens – notamment les races dites Toy et les terriers – montrent souvent une étonnante aptitude naturelle à marcher sur leurs pattes arrière et aiment parfois y ajouter des tours élaborés. Assurez-vous que le sol sur lequel s'effectue l'entraînement n'est pas brillant ni glissant, et que votre compagnon dispose de suffisamment d'espace pour évoluer ; peu à peu, supprimez les récompenses, mettez la musique et lâchez-vous.

◀ QUATRE Vous pouvez maintenant l'entraîner à faire des pirouettes. Quand il a fait un tour complet, encouragez-le à continuer en ne lui donnant la friandise que lorsqu'il a fait quelques pas supplémentaires. Arrêtez toujours le jeu avant de fatiguer ou de frustrer votre ami.

SÉCURITÉ Comme on peut l'imaginer, danser n'est pas un exercice recommandé pour les chiens à dos long. Les petits animaux apprennent souvent facilement. Pour apprendre à danser à un chien beaucoup plus gros, envisagez de suivre des cours canins de danse.

Tope là !

La plupart des chiens aiment ce jeu ; toutefois, souvenez-vous que certains ne peuvent pas s'asseoir sur leurs pattes arrière, donc si votre compagnon n'est pas du tout partant, n'insistez-pas. Quand vous l'avez entraîné à serrer la patte (voir pages 62-63), vous utilisiez une main et une patte. Le présent jeu utilise les deux mains et les deux pattes avant, mais ce n'est pas très différent à enseigner. Si vous voyez que votre chien en comprend vite le principe mais qu'il a tendance à battre l'air frénétiquement, essayez de le calmer un peu en immobilisant vos mains et en baissant la voix. Attendez que votre compagnon maîtrise bien les mouvements avant de l'entraîner à Tope là ! en position debout, pour éviter de l'effrayer par votre position imposante.

SÉCURITÉ Bannissez ce jeu avec des chiens très jeunes ou vieux et perclus d'arthrite car cela pourrait abîmer leur dos. Souvenez-vous aussi que certains ne peuvent pas s'asseoir sur leurs pattes arrière ou juste trouver cela inconfortable, donc si votre compagnon n'est pas du tout partant, n'insistez-pas.

▶ UN Accroupissez-vous devant votre ami et tendez les mains, paumes en bas. Dites « Les pattes ! ». Gardez vos mains au niveau de sa tête pour qu'il ne saute pas.

▼ DEUX Répétez l'enchaînement en levant vos mains toujours plus haut et en l'encourageant à lever les deux pattes contre vos paumes. Dites « Tope là ! ». Néanmoins, n'insistez pas s'il ne parvient pas à se tenir en équilibre. Cela peut constituer une difficulté pour les gros chiens.

▶ TROIS Dès qu'une de ses pattes touche votre paume, flattez-le et récompensez-le. Vous pourrez peu à peu ignorer l'ordre « Les pattes ! » et ne conserver que « Tope là ! ». Ce jeu est très éprouvant pour votre chien donc veillez à faire des séances courtes et amusantes.

UN Si votre ami est habitué à ce que vous le touchiez et accepte de se laisser « installer » dans une position, vous pouvez l'encourager à jouer au Chien timide. Asseyez-vous à côté de lui et demandez-lui de s'allonger.

Le chien timide

Ce jeu est un succès garanti pour les spectateurs et aucun chien ayant réussi à l'apprendre ne sera plus en reste d'une friandise. Le moyen le plus simple de commencer consiste à attendre qu'il s'allonge spontanément et mette sa truffe entre ses pattes. Vous devrez peut-être l'aider un peu s'il ne prend pas souvent cette position. Quelle que soit la technique choisie, ne forcez jamais votre compagnon à adopter cette position, ni une autre. Pour développer votre relation avec lui, utilisez votre confiance réciproque et naturelle pour le câliner ou le récompenser d'avoir fait ce que vous lui avez demandé. La contrainte est toujours contre-productive : non seulement il aimerait moins jouer et apprendre avec vous, mais vous risqueriez aussi d'entamer sa confiance en vous.

DEUX Prenez-lui une patte avant
(vous pouvez lui dire « Serre la patte ! »,
voir pages 62-63), serrez-la-lui, puis
croisez-la doucement sur l'autre patte.

TROIS Placez vos mains juste derrière ses oreilles
et mettez sa tête entre ses pattes. Ne le forcez pas :
s'il n'est pas à l'aise que vous le manipuliez ainsi, vous
devrez attendre qu'il prenne la position du Chien timide
naturellement.

QUATRE Agenouillez-vous
à côté de lui et dites « Timide,
le chien ! » en le flattant et en le
récompensant. Certains chiens sont
des comédiens nés et regarderont
vers vous à travers leurs pattes avec
une timidité feinte. Veillez à le flatter
généreusement pour son habileté de
comédien.

Bonne nuit

Bonne nuit est un autre tour très exigeant. Si votre chien le réussit, il aura toutes les raisons d'être fier de lui car le jeu comporte plusieurs étapes. Il devra être à l'aise avec le jeu Jouer au mort (voir les pages 58-59) pour pouvoir s'y lancer. Comme toujours avec les tours et les jeux plus difficiles auxquels vous l'entraînez, faites des séances courtes, amusantes et positives et intercalez-les avec des jeux plus simples. S'il a une couverture ou un bout de tissu préféré qu'il aime porter à sa gueule, intégrez-le au jeu car il sera d'emblée habitué à le déplacer avec ses dents.

▲ UN Habituez votre ami à supporter une couverture avant de démarrer l'apprentissage sérieusement. Certains chiens n'aiment pas être couverts ; cela peut donc demander du temps et de la patience pour qu'il se sente à l'aise. Ensuite, dites « Fais le mort ! » et, lorsqu'il est allongé, couvrez-le avec sa couverture.

▲ DEUX Tout en lui disant « Bonne nuit ! », offrez-lui un coin de la couverture ou placez-le doucement dans sa gueule. Ne vous découragez-pas s'il saute sur ses pattes ; reprenez simplement au début. Néanmoins, ne faites que quelques tentatives, puis passez à autre chose. Lorsqu'il prend enfin le coin de couverture dans sa gueule, flattez-le et récompensez-le.

▼ TROIS Lorsqu'il aura appris à attraper sa couverture, vous pourrez ignorer l'ordre « Fais le mort ! » et vous contenter de dire « Bonne nuit ! ».

Le défi de
l'agility

Si votre chien semble voler dans les airs lorsqu'il joue à la balle avec vous et qu'il attend toujours avec empressement votre aide et vos instructions, il s'agit sans doute naturellement d'un champion de l'agility. Ce chapitre vous guide à travers les différentes activités d'un parcours d'agility professionnel et vous aide à en adapter une version pour votre jardin. Si votre compagnon est particulièrement passionné, vous pouvez même vous retrouver à faire des tours chronométrés et décider de rejoindre un cours d'agility canine dans votre région. Même les chiens qui ne sont pas intéressés par l'ensemble du parcours aiment souvent une ou deux activités – si vous le désirez, vous pouvez personnaliser le parcours pour votre compagnon.

Créer un parcours d'agility dans son jardin

Nombre de chiens aiment les jeux énergiques comprenant beaucoup de sauts. Si le vôtre est de ceux-là et qu'il a également montré qu'il pouvait comprendre les choses de lui-même, vous pouvez envisager de lui construire son propre parcours d'agility. Emmenez-le à un cours d'agility canine près de chez vous pour quelques séances, même si vous n'avez pas dans l'idée de pratiquer la compétition à un niveau professionnel. Cela vous permettra de comprendre l'usage correct des équipements et d'appréhender les questions de sécurité. Les équipements neufs pouvant s'avérer coûteux, n'hésitez pas à rechercher du matériel d'occasion. Si vous décidez d'improviser, cela vaut la peine de demander des conseils à l'instructeur du cours d'agility afin de vous assurer de créer un centre d'entraînement à domicile sécurisé autant qu'amusant.

▲ CI-DESSUS Le saut est un pilier des épreuves d'agility. Vous pouvez acheter des obstacles professionnels ou construire les vôtres, en vérifiant simplement qu'ils ne sont pas trop hauts pour votre animal – il ne doit pas sauter plus haut que sa taille au garrot.

SÉCURITÉ Si vous construisez un parcours d'agility dans votre jardin, vérifiez que vous disposez d'assez d'espace entre les obstacles ; notamment, les sauts nécessitent de la place pour l'élan et la réception (au moins cinq pas pour l'élan et quatre pour la réception).

GAUCHE Alignez des cônes ou d'autres obstacles entre lesquels il slalomera. Vous pouvez même augmenter le défi en l'entraînant à dribbler une balle entre les obstacles.

DROITE Une table professionnelle mesure 80 cm^2 au minimum. Elle repose sur un support qui est ajusté à la taille de l'animal. En compétition, les chiens doivent faire une pause de cinq secondes sur cette table avant de poursuivre vers l'obstacle suivant. La table doit être solide et sa surface non glissante.

CI-DESSOUS La longueur totale d'un tunnel professionnel se situe entre trois et six mètres. Les sections d'entrée et de sortie sont construites dans un matériau rigide pour prévenir l'effondrement pendant que l'animal fonce à travers. Un tunnel de jeu pour enfants convient aux novices.

▶ UN Il sautera de lui-même en un rien de temps, mais vous devez d'abord lui montrer quoi faire. Mettez-lui sa laisse et courez vers la haie et par-dessus, tout en disant « Saute ! ». Flattez-le généreusement et encouragez-le. Vous devrez peut-être sauter tout seul les premières fois, tandis qu'il restera en retrait.

Le saut de départ

C es photos vont vous faire reconsidérer les idées reçues que vous pourriez avoir sur les races aimant les exercices d'agility. Bien que le petit Papillon présenté ici ne pèse que deux kilos, il peut suivre un parcours d'agility complet avec un équipement ajusté à sa taille. Néanmoins, tous les chiens n'étant pas des sauteurs nés, allez-y doucement et commencez toujours par un tout petit saut. Si votre compagnon est intimidé par la hauteur au garrot de l'équipement, abaissez-la même jusqu'à une dizaine de centimètres seulement : vous voulez d'abord le mettre en confiance pour sauter, aussi petit que soit le saut. Lorsqu'il sautera avec plaisir, vous pourrez envisager de monter peu à peu l'équipement.

TOUT D'ABORD

Mesurez la taille de votre chien au garrot et divisez-la par deux. Vous obtenez la hauteur que doit avoir l'équipement aménagé lorsque vous commencez l'entraînement. Un manche à balai en équilibre entre deux cartons, sceaux ou cônes fera l'affaire.

DEUX Continuez de sauter jusqu'à ce qu'il ait compris le jeu, puis sautez à côté de lui jusqu'à ce qu'il apprécie cela à l'évidence. Ensuite, arrêtez-vous juste avant l'obstacle et laissez-le sauter seul. Peu à peu, arrêtez-vous plus loin, puis donnez-lui seulement l'ordre « Saute ! ». À la longue, vous pourrez simplement pointer la haie du doigt et lancer l'ordre.

SÉCURITÉ
Vérifiez que la haie que vous avez aménagée se renverse facilement et qu'elle est à la bonne taille. Ce jeu se joue plutôt dehors ; toutefois, si vous avez beaucoup de place à l'intérieur, il peut faire un bon jeu les jours de pluie. Assurez-vous seulement que votre compagnon joue sur une surface non glissante.

UN Comme quand vous
l'entraîniez à son premier saut,
aidez-le à mesure que vous ajoutez
des étapes en faisant le premier
saut avec lui. Ensuite, courez avec
lui jusqu'au suivant.

Le saut de haies

Lorsque votre chien maîtrise les petits sauts, vous voudrez peut-être lui présenter les joies du saut de haie. Les haies doivent être ajoutées l'une après l'autre : commencez par une haie, puis deux, puis trois, etc. À moins d'avoir énormément d'espace à l'intérieur (votre propre salle de sport, peut-être ?), vous devrez les monter dehors afin de garantir assez d'espace à votre compagnon pour la réception de chaque saut. Souvenez-vous des chiffres-clé : cinq foulées de chien pour s'approcher des obstacles et quatre autres pour « récupérer » à la réception. De plus, installez les haies en ligne droite pour éviter que votre compagnon se fasse mal en se plaçant dans une mauvaise position entre deux sauts.

▼ DEUX Sautez ensemble la deuxième haie, puis sautez de nouveau les deux premières haies. À mesure qu'il prend de l'assurance, encouragez-le à sauter seul, éloignez-vous et utilisez un signal de la main pour accompagner l'ordre « Saute ! ». Les entraîneurs officiels aux parcours d'agility n'utilisent que le geste ; que vous souhaitiez développer vos compétences en cours ou non, vous pouvez également entraîner comme les professionnels le font.

SÉCURITÉ Ne jouez pas à ce jeu avec un chien de moins d'un an car les articulations des chiots sont sujettes aux tensions

UN Tenez le cerceau immobile au niveau du sol ou à quelques centimètres seulement. Avec votre autre main, proposez-lui une friandise et dites-lui « Traverse ! »

Le Houla-hop

S auter à travers un cerceau est la progression naturelle après le saut de haie. Votre chien peut hésiter un peu plus avant de sauter car il n'est pas familier avec le saut à travers un espace « fermé » – même un objet fermé par une barrière aussi peu substantielle qu'un cerceau. Plus vous tiendrez le cerceau bas et immobile, plus vite votre compagnon prendra de l'assurance et plus facile il trouvera le saut. S'il ne comprend toujours pas le principe, sautez en avant et en arrière à travers le cerceau pour l'encourager.

DEUX Répétez cette étape en levant le cerceau de quelques centimètres à chaque fois. Répétez l'ordre « Traverse ! » et votre ami sera bientôt heureux de sauter pour avoir sa friandise.

SÉCURITÉ Ne demandez jamais à votre chien de sauter plus haut que son garrot : cela risquerait d'engendrer trop de tensions dans ses articulations et ses muscles.

▲ TROIS Quand il est content de sauter à travers le cerceau, montez-le juste à la hauteur où il devra sauter. Ensuite, lancez une friandise de l'autre côté et dites « Traverse! ». Il sautera probablement sans y penser. Si nécessaire, vous pouvez barrer les côtés du cerceau pour qu'il ne puisse pas le contourner !

▶ QUATRE Lorsqu'il maîtrise bien le saut à travers un cerceau, vous pouvez passer à un équipement d'agility professionnel, comme un pneu.

91

▲ UN Placez-vous devant votre compagnon avec une friandise cachée dans votre main. Celui-ci essaiera de la prendre, mais quand il réalisera qu'il ne peut pas, il reculera.

À reculons et en tournant

Ce jeu peut s'apprendre en deux parties – marcher à reculons et en cercle –, ou en une seule afin d'entraîner votre chien à marcher en cercle à reculons. Suivez d'abord les étapes décrites ci-dessus pour lui apprendre à marcher à reculons, puis les étapes de la page de droite pour lui enseigner la partie en cercle de l'exercice. Le moyen le plus facile de combiner ces deux jeux est de faire le tour avec votre chien en marchant, puis de lui demander de marcher à reculons, tout en l'accompagnant.

▲ DEUX Lorsqu'il recule, cliquez et dites « Recule ! ». Flattez-le et récompensez-le avec la friandise que vous teniez dans la main.

▲ TROIS Il saura bientôt marcher à reculons quand vous lui en donnerez l'ordre et avec le temps, vous pourrez augmenter la distance qui vous sépare de lui.

◀ UN Pour le faire marcher en cercle, placez un obstacle à côté de lui et appâtez votre compagnon en tournant autour de l'obstacle, une friandise à la main, tout en disant « Fais le tour ! ». Récompensez-le avec la friandise quand il a fait entièrement le tour de l'obstacle.

▶ DEUX Vous devrez sûrement pratiquer pendant quelque temps avant qu'il ne s'exécute sans l'appât d'une friandise. Mais quand il saura faire l'exercice facilement, vous pourrez combiner les deux mouvements et tourner autour des obstacles d'abord en avançant, puis en reculant.

UN Commencez avec un petit tunnel et vérifiez que votre ami peut en voir l'autre extrémité. Demandez-lui de s'asseoir à un bout et agenouillez-vous à l'autre bout pour qu'il puisse vous voir ; puis encouragez-le à traverser.

La traversée du tunnel

Commencez le jeu avec un petit tunnel. Si vous improvisez, vous pouvez choisir la simplicité avec un carton ouvert aux deux extrémités ; toutefois, assurez-vous qu'il est stable et ne s'écroulera pas quand votre chien le traversera. Si celui-ci s'avère être un adepte de ce jeu, prenez la peine d'investir dans un vrai tunnel de jeu, car c'est l'équipement le moins coûteux d'un parcours d'agility. La difficulté la plus courante dans ce jeu consiste à éviter que votre compagnon ne fasse demi-tour à mi-chemin. Vous pouvez éviter cela en vous plaçant systématiquement à la sortie du tunnel et en l'appelant pour qu'il se dirige vers votre voix en cas de doute.

DEUX Quand il sort du tunnel, flattez-le et récompensez-le. Ne placez pas de friandise dans le tunnel, même pour commencer, car vous ne feriez que l'encourager à s'arrêter en plein milieu pour la manger.

▼ TROIS Quand il se sent à l'aise dans le petit tunnel, ajoutez-y une section (mais juste un petit morceau à la fois). Courez vers le tunnel avec lui en disant « Tunnel ! ». Quand il court joyeusement à travers le tunnel jusqu'à la sortie, ajoutez une portion coudée au milieu pour corser un peu le jeu.

▲ UN Commencez par ne placer que quatre obstacles en ligne. Entre deux obstacles, laissez un espace légèrement plus petit que la longueur du corps de votre ami.

Le slalom

C et exercice est la première étape de nombreux jeux de slalom, donc vérifiez que votre chien en a bien assimilé les principes de base. Bien que commençant avec trois ou quatre obstacles, vous pourrez rapidement en augmenter le nombre et refaire l'exercice avec votre compagnon jusqu'à ce que le parcours soit complet. Les obstacles ne doivent pas forcément être des cônes : vous pouvez utiliser de vieux cartons ou des sceaux retournés, du moment qu'ils ne sont pas trop gros. En effet, votre chien doit avoir une vision de toute la rangée et de sa place par rapport à elle. Au cours de l'entraînement, augmentez peu à peu la cadence. L'objectif final est que vous puissiez tous les deux slalomer entre les obstacles à un rythme soutenu et, pour finir, que votre chien y parvienne tout seul.

▲ DEUX Marchez avec lui à votre droite et penchez-vous légèrement vers la gauche entre deux obstacles en l'appâtant avec une friandise.

SOYEZ PATIENT

|||||||||||||||||||||||||||||||||||||||||||||||||||||||||||||||||||||||||||||||

Ce jeu est le pilier de nombreux parcours d'agility ; cela vaut donc la peine de s'appliquer. Soyez calme et patient et n'espérez pas que votre compagnon apprenne tout tout de suite. En persévérant, la plupart des chiens finissent par comprendre le jeu et courent entre les obstacles ; mais cela doit se produire naturellement et non sous la contrainte.

▼ TROIS Redirigez-le vers la droite pour pouvoir tous les deux passer entre le deuxième et le troisième obstacle, puis sur la gauche pour passer entre le troisième et le quatrième obstacle. Quand vous arrivez à la fin du parcours, flattez-le généreusement et récompensez-le.

Un parfait dribbleur

Ce jeu est la combinaison du slalom ordinaire avec le football canin. Assurez-vous que votre chien comprend l'ordre « Slalome ! » avant de lui enseigner à pousser un ballon sur le sol. Lui apprendre à la fois le slalom et le football submergerait même l'animal le plus brillant. Dans la mesure où c'est l'un des jeux à lui apprendre présentant le plus grand défi, allez-y doucement et commencez par des séances courtes pour ne pas l'ennuyer ni le frustrer avant même qu'il en maîtrise les compétences essentielles.

▲ UN Placez une friandise sous le ballon. Votre chien le poussera pour récupérer la récompense. Au même moment, dites « Pousse ! ». Répétez cet ordre plusieurs fois, puis passez à une récompense toutes les deux poussées. Soyez patient s'il ne pousse pas le ballon d'emblée. Laissez tomber une minute avant de réessayer.

UN BALLON ADAPTÉ

|||||||||||||||||||||||||||||||||||||||||||||||||

Vérifiez que le ballon que vous choisissez est bien gonflé pour que votre chien ne puisse pas le prendre dans sa gueule. Il doit aussi être suffisamment résistant pour ne pas crever sous ses dents ! Un ballon de football ou de basketball fera l'affaire.

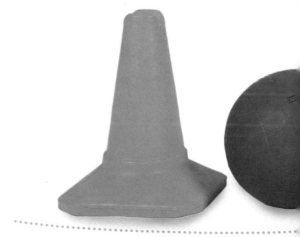

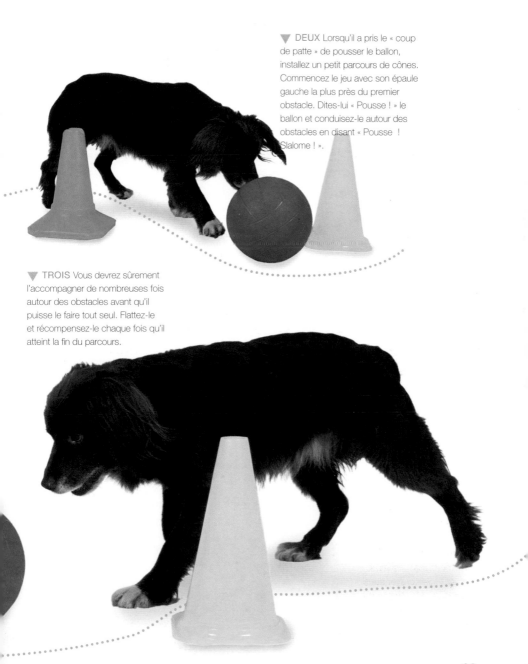

▼ DEUX Lorsqu'il a pris le « coup de patte » de pousser le ballon, installez un petit parcours de cônes. Commencez le jeu avec son épaule gauche la plus près du premier obstacle. Dites-lui « Pousse ! » le ballon et conduisez-le autour des obstacles en disant « Pousse ! Slalome ! ».

▼ TROIS Vous devrez sûrement l'accompagner de nombreuses fois autour des obstacles avant qu'il puisse le faire tout seul. Flattez-le et récompensez-le chaque fois qu'il atteint la fin du parcours.

UN Vérifiez que la table est à une hauteur que votre chien peut facilement atteindre et que le dessus n'est pas glissant. Appâtez-le avec une friandise placée au centre et dites « Sur la table ! ».

Les pattes sur la table

Entraîner votre chien à rester immobile sur une table jusqu'à ce que vous le « libériez » d'un geste ou sur un ordre est un autre pilier des compétitions d'agility. Même sans aller jusqu'à faire de la compétition, c'est néanmoins un bon jeu à lui apprendre car il encourage l'obéissance et la concentration. Il risque de trouver cela difficile au début : la plupart des chiens sont plus habitués à s'entendre dire de descendre du mobilier plutôt que d'y monter ! Mais à force de persévérance, il finira par maîtriser ce jeu. Cet exercice peut aussi être un bon moyen de calmer les plus excités, car l'attente leur fournit un petit « temps mort » pour se dominer.

DEUX Il doit rester sur la table jusqu'à ce que vous lui disiez de descendre. Utilisez l'ordre « Stop ! ». N'espérez pas qu'il reste longtemps immobile la première fois : quelques secondes suffisent pour lui faire comprendre le principe du jeu.

L'ÉCHAUFFEMENT

Si vous avez pour ambition de faire des compétitions d'agility, échauffez-vous avec votre ami en le poursuivant énergiquement autour du jardin avant de pratiquer l'arrêt sur la table. Vous augmenterez ainsi sa concentration et vos chances de succès.

TROIS Quand vous lui donnez l'ordre « Descends ! », il est autorisé à sauter. Augmentez peu à peu le temps d'attente sur la table jusqu'à ce qu'il tienne dix secondes avant d'être libéré.

▶ UN Commencez le jeu en disant « À vos marques ! Prêt ? Partez ! » d'une voix enjouée, puis faites le tour du parcours en courant à côté de votre ami aussi vite que possible. Même s'il connaît déjà le parcours, il oubliera peut-être une ou deux étapes dans son excitation et son désir de vous suivre.

La course contre la montre

Votre chien et vous devez être en très bonne condition physique pour pouvoir vous chronométrer sur un parcours d'agility. Demandez à un ami de tenir le chronomètre et échauffez-vous avant l'exercice en marchant rapidement autour du parcours. Puis faites le tour une fois au pas de course, en vérifiant que votre compagnon peut passer tous les obstacles. Enfin, donnez-lui un ordre enthousiaste pour l'encourager et commencez le parcours ensemble. Chronométrez-vous d'abord pour trouver le meilleur temps sur les trois premiers essais, puis travaillez sur les aspects du parcours qui posent le plus de difficultés pour améliorer votre temps.

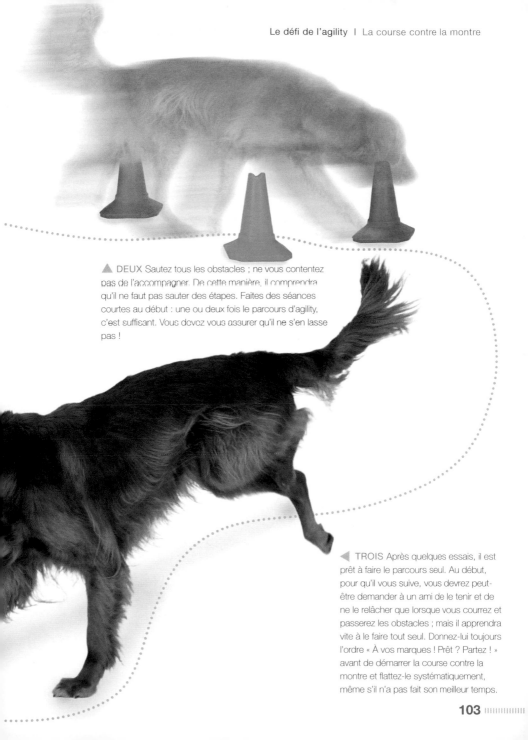

▲ DEUX Sautez tous les obstacles ; ne vous contentez pas de l'accompagner. De cette manière, il comprendra qu'il ne faut pas sauter des étapes. Faites des séances courtes au début : une ou deux fois le parcours d'agility, c'est suffisant. Vous devez vous assurer qu'il ne s'en lasse pas !

◀ TROIS Après quelques essais, il est prêt à faire le parcours seul. Au début, pour qu'il vous suive, vous devrez peut-être demander à un ami de le tenir et de ne le relâcher que lorsque vous courrez et passerez les obstacles ; mais il apprendra vite à le faire tout seul. Donnez-lui toujours l'ordre « À vos marques ! Prêt ? Partez ! » avant de démarrer la course contre la montre et flattez-le systématiquement, même s'il n'a pas fait son meilleur temps.

Le parcours d'agility en groupe

De passer d'un rendez-vous de jeu entre votre chien et quelques-uns de ses « amis » à les faire concourir dans le parcours d'agility de votre jardin, il n'y a qu'un pas. Dans la mesure où ils sont tous en bonne condition physique (et idéalement de tailles et poids relativement homogènes, sinon il vous faudra changer le parcours entre deux tours), ils apprécieront souvent l'opportunité d'être mis à l'épreuve avec des congénères. Si l'idée de gérer plusieurs animaux s'excitant ensemble dans votre jardin vous semble un peu difficile, vous pouvez intégrer un cours d'agility, où les considérations de sécurité et d'organisation seront prises en charge pour vous.

COURS D'AGILITY

Si vous suivez des cours d'agility en groupe, n'oubliez pas d'emmener beaucoup de friandises et ses jouets préférés. Si vous devez vous absenter pendant assez longtemps, emmenez de la nourriture et de l'eau ; et n'oubliez pas de prendre des sacs pour ramasser après votre chien.

▼ CI-DESSOUS Ne vous inquiétez pas s'il s'excite un peu. Pour lui, un parcours d'agility avec des congénères est comme une magnifique fête avec un surplus d'amusement. Avec toutes ces nouvelles expériences à assimiler, il risque d'oublier des choses. Soyez patient et recommencez s'il s'embrouille.

Passer professionnel

Vous êtes-vous déjà demandé si votre travail en équipe avec votre chien serait assez bon pour être présenté à un niveau de compétition ? L'agility comme sport à un niveau professionnel augmente de 10 % par an – ce qui n'est pas si mal si l'on considère que les premières épreuves d'agility se sont tenues en 1978 au salon canin Crufts, à Londres. Les chiens peuvent commencer la compétition dès l'âge de 18 mois et peuvent finir dans des cours pour chiens âgés jusqu'à l'âge de 13 ans. Si votre entraînement à l'agility s'est amélioré à pas de géant, commencez par tester votre rythme et celui de votre compagnon dans un concours d'agility de votre région et voyez comment vous vous en sortez.

▲ CI-DESSUS Si vous voulez gagner, rejoignez votre club d'agility local dès que possible. Cela habituera votre compagnon aux compétitions et à la foule et vous informera sur toutes les épreuves prévues dans votre région.

TECHNIQUES ET ENTRAÎNEMENT

|||||||||||||||||||||||||||||||||||||||||||||||||||||||||||||||||||||||||||||||||||||||||

Veillez à vous tenir au courant des dernières
méthodes et idées d'entraînement si
vous avez l'intention de suivre des cours
professionnels. En effet, ceux-ci changent
plus vite que vous ne pouvez l'imaginer !

▼ CI-DESSOUS Les Border-
Collies, Kelpies et bergers
allemands surpassent souvent
la plupart des autres races dans
les grandes épreuves canines.
Ils ont la constitution corporelle
et le tempérament idéaux. Dans
les classes pour petits chiens, les
chiens de berger des Shetland, les
caniches et certaines races de terrier
surpassent généralement les autres.

Faire de l'exercice avec son chien

Si vous aimez rester en forme, cette partie vous propose de nombreuses idées pour faire de l'exercice avec votre chien. Que vous préfériez la randonnée, le jogging, la bicyclette ou les jeux d'équipe, vous avez la possibilité d'y faire participer votre compagnon. Avec assez d'entraînement et d'encouragements, vous pouvez même lui apprendre à jouer au baseball ou au football. Les règles des versions canines de ces jeux ne seront certainement pas aussi rigoureuses que leur version pour humains, mais vous ne vous en amuserez pas moins tous les deux.

Se promener ensemble

Les promenades tranquilles dans la campagne avec votre compagnon ont peut-être constitué pour vous l'un des principaux motifs pour prendre un chien. Et quel que soit le nombre de jeux que vous partagiez, il est de grandes chances pour que ces promenades constituent la majeure partie du temps passé ensemble. Prenez garde à sa condition physique : s'il est âgé, blessé, en surpoids ou avec des problèmes respiratoires, faites des petites promenades lentes. Même à faible allure, elles sont bénéfiques pour la santé – tant la vôtre que celle de votre ami – et le fait d'avoir un chien peut vous motiver à sortir par tous les temps, même si vous êtes très occupé, alors que dans le cas contraire vous trouveriez sans doute une excuse pour ne pas sortir.

▶ DROITE Tenez votre chien en laisse si vous êtes dans un parc ou un autre lieu public. Alterner la marche et le jogging est un exercice plaisant pour vous deux.

▶ DROITE Changez d'endroit et d'itinéraire et jouez à des jeux pendant la promenade. Marcher est de loin la meilleure manière de renforcer vos liens avec votre compagnon car cela lui permet d'agir le plus naturellement possible.

SÉCURITÉ

Faites-lui porter un collier avec une étiquette indiquant son numéro d'identification ainsi que vos nom et adresse sur une face, et précisant sur l'autre que votre animal est équipé d'une puce électronique (en vue de décourager les voleurs). Faites-lui poser une puce : c'est une intervention bénigne autant qu'un mode d'authentification instantané s'il se perd et perd aussi son collier.

◀ GAUCHE Pour les longues marches, procurez-vous une paire de chaussures de randonnée. Les tennis et les protège-chaussures en caoutchouc ne sont pas adaptés à l'ascension et la descente de chemins difficiles. Tenez votre ami en laisse car vous ne pouvez pas anticiper tous les dangers, comme la traversée d'un troupeau.

Courir et faire du vélo

Courir et faire du vélo sont deux moyens de faire faire de l'exercice physique stimulant à votre compagnon au-delà de la balade tranquille habituelle. Un jeune chien alerte pourra vous suivre – et sûrement vous doubler – sur tous les parcours de course ; beaucoup aiment aussi courir à côté des cyclistes. Vous aurez besoin de quelques séances de pratique pour adapter votre rythme au sien, surtout s'il est en laisse et que vous êtes à vélo. En effet, le but n'est pas de faire la course à un rythme trop soutenu pour lui ni d'être tiré par lui à une allure que vous ne pouvez suivre. Lorsque vous avez trouvé la cadence, ces deux activités sont bonnes pour vous deux, et votre ami se mettra à vous regarder avec excitation quand vous utiliserez votre équipement de fitness.

▼ CI-DESSOUS Utilisez votre bon sens. Dans tous les cas, tenez votre chien en laisse et faites progresser votre programme de jogging ou de cyclisme petit à petit.

SÉCURITÉ

Évitez le moment le plus chaud de la journée ; préférez le matin ou le soir. Vous supportez peut-être les fortes chaleurs, mais même les chiens en forme peuvent ne pas les supporter ; ils ne peuvent pas transpirer et compenser les températures élevées. Veillez à mettre de l'eau fraîche à sa disposition pendant le parcours. Soyez très vigilant lorsque le temps est rigoureux (chaud ou froid) : les trottoirs chauds peuvent brûler ses coussinets ; le verglas et le sel qui fond peuvent aussi lui faire mal ou l'irriter. Faites particulièrement attention aux quantités de nourriture que vous lui donnez : ne lui faites pas faire de l'exercice physique après un copieux repas ; attendez au moins deux heures. Ne demandez pas à un jeune chien ou à un chiot de courir loin, au risque d'altérer le développement de ses articulations. Si vous n'êtes pas sûr que votre compagnon puisse aller courir avec vous, faites-le d'abord ausculter par son vétérinaire.

GAUCHE Si vous faites du vélo et que votre chien en laisse court à côté de vous, vous pouvez envisager l'achat d'un *springer*. Il s'agit d'un dispositif pour laisses qui s'attache à votre vélo et empêche votre chien de vous tirer par-dessus le guidon.

Randonner et camper

Ne laissez pas votre chien à la maison si vous êtes un adepte de la randonnée ou du camping. Certains campings autorisent leur présence, de même que les chemins de randonnée ; et votre compagnon se réjouira d'une rupture dans la routine avec l'opportunité de faire autant d'exercice que vous. Veillez à apporter assez de nourriture pour le temps du voyage. Si vous partez loin, vous ne pourrez pas faire le ravitaillement pour lui. Réfléchissez aussi à l'endroit où il va dormir. Le mieux est sûrement de l'installer pour la nuit sur une couverture ou une caisse de voyage dans un coin de votre tente ; car, vous ne voudriez pas qu'il pourchasse la faune locale dans un terrain inconnu au beau milieu de la nuit ; donc, il vaut mieux qu'il soit à l'abri à l'intérieur.

▶ DROITE Vous apprécierez tous deux mieux votre escapade si vous vous êtes entraînés auparavant. Une promenade autour d'un pâté de maisons n'est pas la même chose qu'une randonnée sur un chemin de montagne escarpé, donc assurez-vous d'être tous deux suffisamment préparés avant d'entreprendre de longues randonnées.

▼ CI-DESSOUS Une escapade peut être un temps de repos ou d'activité. La plupart des chiens sont excités de passer du temps avec leur maître en pleine nature, loin des aspects les plus ennuyeux de leur vie quotidienne.

RÉGLEMENTATION

Renseignez-vous auprès des autorités locales de votre lieu d'accueil sur les réglementations en vigueur : votre compagnon peut n'être accepté qu'en laisse, ce qui peut être envisageable pour certains chiens mais pas pour d'autres.

SÉCURITÉ

Assurez-vous que votre ami est muni d'un numéro d'identification ou qu'il porte une puce électronique, au cas où vous seriez séparés. Ramassez systématiquement les déjections canines. Si vous séjournez dans un camping acceptant les chiens, soyez prévenant envers les autres campeurs. Emmenez de la crème antiseptique et des bandes en cas d'accident, plus un produit antiparasitaire, notamment contre les tiques, en cas de besoin.

▼ UN Laissez d'abord votre compagnon vous regarder jouer au Frisbee « humain », puis montrez-le-lui et faites des mouvements retenus de lancer jusqu'à ce qu'il soit suffisamment excité pour vouloir l'attraper.

Les joies du Frisbee

Votre compagnon aime peut-être déjà les jeux de type Attraper, mais le Frisbee fait appel à une nouvelle aptitude à attraper. Avant de jouer sérieusement, lancez le Frisbee ou faites-le rouler sur le sol tout en disant à votre chien « Attrape ! ». Ne le lancez jamais directement sur lui, mais toujours sous un certain angle par rapport au sol. Lorsqu'il l'attrape au sol et qu'il le rapporte, lancez-le en l'air. Agenouillez-vous et lancez-lui doucement le Frisbee. S'il n'arrive pas à l'attraper, ramassez-le. Ne lui donnez pas le Frisbee tant qu'il ne l'a pas attrapé, sinon il le considérera comme un jouet « passif » et non une forme d'exercice.

▼ DEUX Commencez avec au moins deux personnes et un chien. Lancez doucement le Frisbee à l'autre joueur « humain ». Votre compagnon se placera bientôt entre vous deux pour essayer de l'intercepter. Vous pourrez alors lui faire quelques passes.

▶ TROIS Quand il a attrapé le Frisbee, dites-lui « Lâche ! ». Dès qu'il aura compris l'idée que, comme lorsqu'il attrape une balle, le fait de lâcher l'objet entraîne un autre lancer, il sera content d'obtempérer.

SÉCURITÉ Choisissez un Frisbee souple et non en plastique dur ; ils sont très répandus et n'abîmeront pas la gueule de votre compagnon. Ne jouez pas de manière frénétique ni en lançant le Frisbee haut avec un chien âgé ni un chiot : cela pourrait le conduire à se faire mal en sautant ou en se contorsionnant trop violemment. Vous pouvez jouer, mais calmement.

▲ CI-DESSUS Utilisez une corde avec un nœud à chaque bout, sur laquelle on peut tirer fort. C'est un jeu des plus simples : ramassez la corde, laissez votre chien tirer dessus et tirez simplement à l'autre bout. Vous vous fatiguerez sûrement du jeu avant lui.

▶ DROITE Les chiens jouent naturellement souvent à ce jeu entre eux. Il provoque nombre de grondements et de sons de type « yip », dus à l'effort. Restez vigilant en vérifiant qu'aucun des animaux ne devient trop possessif avec la corde et laissez-les s'amuser.

La lutte à la corde

Les chiens jouent naturellement au jeu de lutte : si vous tenez par un bout un objet, comme une corde, même un chiot sait instinctivement attraper l'autre bout et tirer dessus. Les instructeurs avaient tendance à recommander aux maîtres de ne pas jouer à la lutte avec leurs chiens, pensant que cela renforçaient leur instinct naturel de possession et encourageait l'agressivité. Il est maintenant admis que cette vision est dépassée ; la lutte est une activité sans danger et plaisante pour votre animal, à condition qu'il soit capable de lâcher un objet quand vous le lui demandez. Veillez toutefois à ce qu'il ne se concentre pas exagérément sur ce jeu : les signes en sont facilement reconnaissables car son corps se tend et s'abaisse, il pose un regard fixe sur son adversaire et semble être figé dans sa position. Si cela se produit, arrêtez le jeu.

SÉCURITÉ Si votre chien devient obsédé à l'idée de tirer la corde à lui, arrêtez le jeu et rangez la corde pour lui permettre de se calmer. Ce jeu ne convient pas aux chiots s'ils sont en train de perdre leurs dents de lait. Il vaut mieux que celles-ci tombent naturellement.

Le volleyball canin

Les chiens qui ont appris à pousser une balle en slalomant devraient être assez habiles pour vous la ramener du bout de la truffe. Ce jeu étant très difficile à apprendre pour eux, soyez patient et, comme toujours, faites des séances courtes et amusantes. Vous avez plus de chances de succès si vous avez déjà remarqué que votre ami essayait de s'immiscer dans vos jeux de ballon d'« humains », car dans ce cas, il vous regarde déjà et cherche à comprendre comment faire. La partie la plus délicate pour eux est d'apprendre à « faire une tête » avec leur truffe alors que leur instinct naturel les pousse à attraper la balle dans leur gueule. Pour entraîner votre compagnon au volleyball, vous aurez besoin d'un filet (un filet de badminton ou de tennis d'enfant fera l'affaire) et d'une balle souple. La balle ne doit pas être trop grosse, mais suffisamment pour qu'il puisse la suivre aisément : l'idéal est une taille un peu plus grosse qu'une balle de tennis.

▲ UN Votre compagnon doit connaître l'ordre « Pousse ! » avant de commencer (voir pages 98-99). Faites-le se tenir derrière un filet bas. Au début, le filet ne doit pas dépasser la hauteur de son cou. Lancez doucement une petite balle souple juste au-dessus de sa tête et dites « Pousse ! ».

▶ DEUX Il aura besoin de temps pour comprendre comment pousser la balle avec sa truffe, mais il finira par assimiler. Il n'existe pas de raccourci pour apprendre ce jeu : votre compagnon doit comprendre qu'il est supposé faire rebondir la balle sur sa truffe et non l'attraper dans sa gueule. Ne vous souciez pas du fait qu'il arrive à renvoyer la balle par-dessus le filet ou non. Dans les premières phases d'apprentissage, il est largement suffisant pour lui d'apprendre à « faire une tête » avec la balle sur sa truffe. Flattez-le et récompensez-le chaque fois qu'il réussit.

TROIS Répétez patiemment l'ordre « Pousse ! » quand vous lancez la balle. Lorsqu'il a appris à la faire rebondir sur sa truffe, vous pouvez l'encourager à vous la renvoyer au-dessus du filet.

UN Marquez votre terrain dans le jardin et constituez deux équipes. Votre compagnon sera toujours dans l'équipe de champ. Affectez-lui quelques équipiers humains (si possible) pour ne pas le fatiguer exagérément et pour qu'ils l'aident si, dans l'excitation du jeu, il perd le fil de ce qu'il doit faire.

Le baseball canin

Le manque d'aptitudes et de règles au baseball officiel sera compensé par du bruit et de l'amusement dans la version canine du jeu. Vous réaliserez peut-être qu'il est impossible pour votre chien de suivre les règles à mesure que le jeu s'anime et que votre ami devient de plus en plus excité, mais c'est pour lui l'occasion inestimable de prendre part à un jeu d'équipe. Vous pouvez y jouer avec autant de joueurs que vous le voulez – il en faut au moins deux : un pour lancer et un pour attraper – et tout chien enthousiaste, quel, que soient sa taille et sa corpulence. Naturellement, votre compagnon fera partie de l'équipe de champ. S'il est éreinté à force d'attraper la balle, désignez un joueur pour courir à côté de lui.

IMPROVISEZ

Les équipes mettent en champ souvent au moins quatre personnes pour ce jeu. Si vous n'en avez pas autant, essayez juste avec un batteur, un lanceur et votre chien comme joueur de champ, et jouez dans le jardin plutôt que dans un parc.

SÉCURITÉ Utilisez une batte en plastique légère et une balle souple pour ce jeu, jamais un équipement de baseball réel : ce serait bien trop lourd et dangereux pour y laisser jouer votre chien.

◀ DEUX Lorsque le batteur touche la balle et qu'il court jusqu'à la première base, le joueur de champ de cette base doit demander à votre compagnon d'attraper la balle. Rapidement ! Si c'est un bon sprinteur, vous pouvez battre l'autre équipe plus vite que vous ne le pensez. Comme d'autres batteurs entrent en jeu, les autres joueurs de champ sur les bases peuvent lui demander d'attraper la balle.

▲ TROIS Donnez quelques friandises à chaque joueur de champ pour qu'ils puissent récompenser votre chien quand il leur rapporte la balle. Quand il lâche la balle (ordre « Lâche ! »), il doit être récompensé et flatté généreusement.

▶ UN Installez une « cage de buts » bornée par deux cônes, puis placez-vous entre eux en écartant les jambes. Appelez votre compagnon, montrez-lui le ballon et encouragez-le à le pousser entre vos jambes, en disant « Pousse ! »

Le football canin

Lorsque votre chien connaît l'ordre « Pousse ! » (voir pages 98-99) et qu'il pousse la balle avec assurance, il est temps d'ajouter des variantes à cette nouvelle aptitude. Quand vous jouez au football avec lui, faites-en un jeu à son attention exclusivement. Si vous le faites participer à un jeu en équipe, il risque d'essayer de s'immiscer dans toutes les parties de football qu'il verra, ce qui le rendrait très impopulaire au parc. À la place, choisissez une balle appropriée – la plupart des vrais ballons de foot sont trop lourds, à moins que votre compagnon soit très grand et costaud) – et essayez de lui faire marquer des buts. Si votre chien devient vite très excité, vous pouvez commencer par jouer avec lui à attraper un objet pour le calmer, de manière à ce qu'il puisse se concentrer.

LE BALLON ADAPTÉ

Vous aurez besoin d'un ballon trop gros pour que votre compagnon l'attrape, et gonflé à bloc pour qu'il ne puisse pas mordre dedans. Il doit aussi être suffisamment léger pour ne pas abîmer la truffe d'un joueur canin enthousiaste !

▲ DEUX Ne soyez pas tenté de placer une friandise derrière vos pieds : il se contenterait d'aller droit sur elle en oubliant le ballon. Persévérez en faisant des séances courtes ; flattez-le et récompensez-le à chaque fois qu'il pousse le ballon avec précision. Lorsqu'il commence à comprendre le jeu, vous pouvez lui apprendre « *Shoote !* » comme ordre supplémentaire.

◀ TROIS Quand il a appris à envoyer le ballon derrière vous, dans les buts, inversez les rôles pour corser le jeu. Encouragez-le à s'asseoir entre les cônes et à vous renvoyer le ballon tandis que vous dribblez dans sa direction. Terminez la séance en courant après le ballon comme touche finale d'un amusement plein d'entrain avec lui.

Index

Remerciements

L'éditeur voudrait remercier chaleureusement Nick Ridley pour ses excellentes photos. Merci tout spécialement à Jenny Moir et aux donateurs et propriétaires de chiens qui ont donné de leur temps et de l'aide pour les prises de vue ; et bien sûr, merci à tous les chiens, qui n'auraient pas pu mieux jouer ni être de plus charmants compagnons de travail.

Tweed   Samba   Brock   Tia   Scooby   Tawny

Kai   Scout   Alice   Odele   Mole   Taggie

George   Mitch   Kia   Tabby   Mouse   Loki

Tyke   Fizz   Teal   Jake